POSICIONES METAFÍSICAS FUNDAMENTALES DEL PENSAMIENTO OCCIDENTAL

Martin Heidegger

POSICIONES METAFÍSICAS FUNDAMENTALES DEL PENSAMIENTO OCCIDENTAL

Ejercicios en el semestre de invierno
de 1937-1938

Traducción de: Alberto Ciria

Herder

Título Original: Die Metaphysischen Grundstellungen das Abendländischen Denkens (Meaphysik).Übungen in Wintersemester 1937-38

Diseño de la cubierta: Michel Tofahrn
Imagen de la cubierta: Agustí Penadés
Traducción: Alberto Ciria

© 2008, Vittorio Klostermann GmbH, Frankfurt del Meno
© 2011, Herder Editorial, S.L., Barcelona

ISBN: 978-84-254-2734-3

La reproducción total o parcial de esta obra sin el consentimiento expreso de los titulares del *Copyright* está prohibida al amparo de la legislación vigente.

Imprenta: Ulzama Digital
Depósito legal: B-29-2012

Printed in Spain – Impreso en España

Herder
www.herdereditorial.com

ÍNDICE

I. LAS POSICIONES METAFÍSICAS FUNDAMENTALES DEL PENSAMIENTO OCCIDENTAL (EL DESARROLLO DE LA PREGUNTA CONDUCTORA) 17

    1. [Preparación de lo futuro] 19
    2. Las posiciones metafísicas fundamentales del pensamiento occidental 19
    3. La diferencia del ser 23

II. LA PREGUNTA CONDUCTORA DE LA METAFÍSICA OCCIDENTAL Y EL REGRESO A LA PREGUNTA FUNDAMENTAL 25

    4. Pregunta conductora y pregunta fundamental ... 27

    A. El entramado desarrollado de la pregunta conductora 28

    5. La pregunta conductora 28
    6. El entramado desarrollado de la pregunta conductora 29
    7. A modo de caracterización de la pregunta conductora 34

8. La sistemática (el entramado)
de la pregunta conductora (τί τὸ ὄν)............ 35
9. La ubicación de la pregunta conductora........... 35
10. La pregunta conductora del «en medio» –
alrededor.. 38
11. Desarrollo de la pregunta conductora.
El desde «dentro» («en medio») y desde «fuera»
(alrededor)... 39
12. Despliegue del hilo conductor............................ 39
13. El entramado de la pregunta conductora.......... 40
14. El entramado de la pregunta conductora.......... 41
15. La pregunta conductora...................................... 42
16. La inclusión.. 43

B. LA PREGUNTA CONDUCTORA: τί τὸ ὄν;
EL DESARROLLO DE LA PREGUNTA CONDUCTORA... 44

17. Pero la entidad no es aún el ser.
«Lo ente en cuanto ente»................................... 44
18. La pregunta por el ser
como pregunta conductora................................. 45
19. Pregunta conductora y pregunta fundamental... 46
20. El concepto de metafísica.................................... 47
21. El cuestionamiento propio de la ontología
fundamental como estado intermedio............... 48
22. La pregunta conductora:
desarrollo de la pregunta conductora
y ontología fundamental..................................... 51
23. La experiencia conductora.................................. 57
24. Experiencia conductora de lo ente
en su conjunto, y ubicación................................ 57
25. Sobre la experiencia conductora de lo ente
en su conjunto. Relación sujeto-objeto.............. 58

26. Pregunta conductora y planteamiento
de un ente determinante y normativo.
El tránsito determinante y normativo. 59

C. Las preguntas principales 60

27. Las preguntas principales 60
28. La unidad de las tres preguntas principales
como introducirse en la intervención del juego ... 62
29. Las preguntas principales
(su momento histórico: el tránsito
del primer comienzo al segundo) 64
30. Las preguntas principales y el ser-ahí 65
31. La experiencia fundamental (el olvido del ser)
es más original que la experiencia
del nihilismo 66
32. Las tres preguntas principales 66
33. Las preguntas principales 67

D. La experiencia fundamental como
la experiencia de la verdad fundamental.
El salto al sitio abierto 68

34. [La experiencia fundamental] 68
35. La experiencia del fundamento 68
36. La verdad del fundamento:
experiencia fundamental de la verdad 70

III. LA MEDITACIÓN
SOBRE LA PREGUNTA CONDUCTORA
Y SU SUPERACIÓN 73

37. Preguntas en relación con el tratamiento
 de la pregunta conductora (metafísica)
 y *Ser y tiempo* 75
38. Aseguramiento del hilo conductor
 y formación de horizonte, y su conversión
 en el auténtico ente 80
39. La esencia del hilo conductor
 y la ἀλήθεια infundada 80
40. La identidad. Entidad y pensar 81
41. La identidad
 (al margen del inicial ἕν de los griegos) 81
42. Las posiciones metafísicas fundamentales 83
43. Superación de la pregunta conductora.
 El pensar como el hilo conductor
 de la interpretación de lo ente en cuanto tal,
 y *Ser y tiempo* 83

IV. SOBRE LA POSICIÓN METAFÍSICA
FUNDAMENTAL DE PLATÓN 85

44. Sobre la posición metafísica fundamental
 de Platón 87
45. ἀλήθεια 94
46. μὴ ὄν y confusión 95
47. ἡ ἰδέα τοῦ ἀγαθοῦ 96

V. EL TRÁNSITO DE LA METAFÍSICA GRIEGA A LA MODERNA: EL CRISTIANISMO............ 97

48. El tránsito de la auténtica filosofía griega a la metafísica romano-cristiana 99

VI. LA POSICIÓN METAFÍSICA FUNDAMENTAL DE DESCARTES (RESUMEN) 101

49. Descartes... 103

A. [Descartes y la pregunta conductora] 103
50. Descartes y la modernidad 103
51. Descartes... 105
52. Pregunta conductora 106
53. Preguntas de la clase anterior................. 108
54. La posición metafísica fundamental de Descartes... 109

B. Sobre la posición metafísica fundamental de Descartes 123
55. De la veritas a la certitudo 123
56. Certeza... 125
57. ¿Qué prepara la conversión de la veritas en certitudo?..................... 126
58. La certitudo en Tomás de Aquino 127
59. Descartes... 128
60. Descartes... 129
61. ¿Qué significa metafísicamente la conversión de la veritas en certitudo?..................... 131

62. Regula generalis 132
63. Certeza 133
64. Verum, certum, perceptum 134

VII. LA POSICIÓN METAFÍSICA FUNDAMENTAL DE LEIBNIZ 137

65. Leibniz 139
66. La posición metafísica fundamental de Leibniz ... 140
67. La doble representación en Leibniz
    y en el idealismo alemán 154
68. La «representación» en sí misma duplicada 155
69. La esencia doble de la mónada
    como repraesentatio 157
70. Leibniz: ἕν – unidad 158
71. Leibniz: «monadología» 159

VIII. LA POSICIÓN METAFÍSICA FUNDAMENTAL DE KANT 161

72. La posición metafísica fundamental de Kant 163

IX. EL IDEALISMO ALEMÁN Y EL TRATAMIENTO DE LA PREGUNTA CONDUCTORA 165

73. Visión de conjunto 167
74. ¿Qué sucede con el aseguramiento del hilo
    conductor en el inicio del pensar moderno
    hasta el saber absoluto en el idealismo alemán? ... 168

75. La elaboración del pensamiento como «dialéctica» 168
76. El tratamiento de la pregunta conductora desde Descartes hasta el idealismo alemán en sus momentos esenciales. ¿Cómo se configura el pensamiento como el hilo conductor y, por tanto, su dar el horizonte? 169
77. ¿Qué significa en la época del idealismo absoluto que la filosofía es la ciencia, la absoluta? 172
78. Pregunta conductora e idealismo alemán 173
79. Fichte 174
80. Fichte 175
81. Fichte 175
82. Objeción 177
83. Schelling 178
84. Schelling: filosofía de la identidad 1795-1806 ... 180

X. SCHELLING. LA FILOSOFÍA NEGATIVA Y LA FILOSOFÍA POSITIVA 181

85. [La meditación sobre la filosofía negativa y la filosofía positiva de Schelling] 183
86. Schelling 184
87. ¿Qué significa el intento de Schelling de distinguir la filosofía positiva y la negativa dentro del conjunto de la filosofía occidental? ... 189
88. Schelling. Deducción de los principios de la filosofía positiva 190
89. [Jaspers] 192

NOTAS COMPLEMENTARIAS 193

Sobre I. El desarrollo de la pregunta conductora 195
Sobre II. La pregunta conductora
de la metafísica occidental y el regreso
a la pregunta fundamental 196
Sobre IV. Sobre la posición metafísica fundamental
de Platón 197
Sobre VI. La posición metafísica fundamental
de Descartes 198
Sobre VII. La posición metafísica fundamental
de Leibniz 203

APÉNDICE: PROTOCOLOS DEL SEMINARIO 207

1. Walter Bröcker, La parábola del sol en *El estado*
de Platón (Lecciones del semestre de verano de 1936) ... 209
2. Ponencia de Walter Bröcker 213

EPÍLOGO DEL EDITOR ALEMÁN 225

La pregunta conductora y su superación
(verdad y entidad de lo ente)

Cfr. los ejercicios del semestre de verano de 1937;[1]
Además la asignatura de 1937-1938[2]
(Aspectos fundamentales de la pregunta sobre la verdad)

---

[1] Martin Heidegger, *Nietzsches metaphysische Grundstellung (Sein und Schein). Freiburger Seminar SS 1937.* Gesamtausgabe [cit. en adelante como GA] vol. 87, editado por Peter von Ruckteschell, Frankfurt del Meno, Vittorio Klostermann, 2004.

[2] Martin Heidegger, *Grundfragen der Philosophie. Ausgewählte «Probleme» der «Logik». Freiburger Vorlesung Wintersemester 1937/38*. GA 45, editado por F.-W. von Herrmann, Frankfurt del Meno, Vittorio Klostermann, 1984, ²1992.

I.

LAS POSICIONES METAFÍSICAS FUNDAMENTALES DEL PENSAMIENTO OCCIDENTAL (EL DESARROLLO DE LA PREGUNTA CONDUCTORA)

1.

[PREPARACIÓN DE LO FUTURO]

La tarea se preparó ya en el semestre pasado. ¿Debemos hacer *consideraciones historiográficas*? ¡No! *Sino una meditación histórica*. No un enterarse de lo pasado, sino una *preparación* de lo futuro. Preparación significa *fundar y abrir la disposición* en el reino del *pensamiento*, y esto mediante el *preguntar*. *¿Qué preguntar? El más extremo y el más íntimo*. Hasta ahora hemos tenido la *pregunta conductora*; debemos hacer, por tanto, una meditación sobre su desarrollo. Pero lo futuro *no cabe deducirlo de lo pasado*, sino que hay que *pre*pararlo necesariamente *mediante* la *superación* de aquel.

2.

LAS POSICIONES METAFÍSICAS FUNDAMENTALES DEL PENSAMIENTO OCCIDENTAL

Así pues, sea lo que sea lo queramos decir con ello, con una mera consideración *historiográfica*, es decir, con un *enterarse de lo pasado*, con una recopilación de lo anterior, se *destruye* la *inmediatez* del preguntar propio.

Pero no buscamos una consideración historiográfica, sino un proceder *histórico*. La historia es *lo que campa antes de y por encima de lo historiográfico*, y eso es el *ser*-ahí mismo. Es antes de lo historiográfico porque se lanza anticipándose. Y está «por encima de» lo historiográfico porque jamás se queda en lo pasado *en cuanto tal*.

I. Las posiciones metafísicas fundamentales...

Un rasgo fundamental y un empuje fundamental del ser-ahí es *el preguntar*. ¿*Qué preguntamos nosotros? La pregunta fundamental por la verdad de la diferencia del ser*. Esta es histórica, pues *funda* el ser-ahí. Por eso, está en el comienzo, y es, por tanto, una *confrontación*. ¿Una confrontación con qué? ¿Con *nosotros mismos*? [¿Por qué? Porque] la *pregunta conductora* [misma conduce a] su *despliegue*, es decir, a su *superación*. En esta *confrontación* se lleva a cabo una *transformación de nosotros mismos*, o dicho de otro modo, esta confrontación es *una de las consecuencias* y, a su vez, el despliegue de esta transformación. ¿Por qué una transformación de nosotros mismos? Porque el *desarrollo* de la pregunta conductora plantea la pregunta por la verdad. ¿Y la *verdad*? ¿Cómo campa ella?

Esta transformación no se refiere a ningún tipo de modificación de nuestro estado personal, sino a la transformación esencial del *ser hombre*, en la medida en que este se experimenta desde un fundamento original.

1) El hombre es el *guarda* fundante de la verdad de la diferencia del ser.

2) Juntamente con ello: el hombre es el *vigilante* del silencio del paso ante nosotros del último dios.

Guarda y vigilante: desde aquí, el *«cuidado»*. Ambos [ministerios de la guarda y la vigilancia] significan además la *fundación del ser hombre en el ser-ahí*. Y ser-*ahí significa el estar inherentemente abierto y expuesto que se ha mencionado en 1) y 2)*. El *ser*-ahí es el sitio del combate −sitio que se *funda* a sí mismo− entre el hombre, la *diferencia del ser* y los dioses. Cfr. *Reflexiones* V, 33.[1]

Del *ser-ahí «del» hombre* se habla por vez primera en *Ser y tiempo*, es decir, en la conexión más íntima con la pregunta por el ser y solo con esta; en el ser-ahí está *por vez primera y siempre* la *«referencia» a la «diferencia del ser»*.

1 Cfr. *Überlegungen* V, p. 33. Previsto para su publicación en *Überlegungen II-VI*, GA 94.

2. Las posiciones metafísicas fundamentales...

Porque nuestro *preguntar histórico, siendo* una fundación de nuestra existencia, forma parte de esta transformación, tenemos que indicar de antemano qué significa «*ser-ahí*», y en qué medida, ya a la primera acometida, se hicieron visibles rasgos esenciales suyos.

Pregunta intermedia (esta surgirá una y otra vez en el curso de la meditación histórica): en el concepto que teníamos hasta ahora de hombre: animal *rationale*, ¿acaso no está puesta ya la referencia a la «diferencia del ser»? Sí y no. Sí: pues ratio = νοῦς se refiere al νοεῖν de la ἰδέα, al ser como entidad de lo entitativo, a pesar de que esta referencia misma en cuanto tal nunca se hace *esencial*, sino que se queda en «*potencia*» o «*facultad*», la cual también sale a la luz más tarde, por vez primera y con mayor claridad en la filosofía transcendental de Kant. Cfr. *anteriormente* Leibniz, y *posteriormente* el idealismo alemán.

Pero eso es solo una «*potencia*» en la cosa y en ese ser vivo que es el *hombre*. ¿Qué problema hay en ello? Que nos quedamos fuera, estando solo con lo «ente» en el «sujeto»: el empuje cada vez más fuerte hacia el olvido del ser. No está fundada la referencia a la *diferencia del ser* y a su verdad, y tampoco justamente *esta* referencia se concibe originalmente en cuanto tal como aquello que tiene que guiar por anticipado la determinación de la esencia del hombre, dejando así definitivamente de lado todos los planteamientos *zoológicos*. Esto no significa que la corporalidad del hombre –junto con todo lo que, por lo demás, conocemos de él– quede olvidada y disuelta, sino que únicamente significa que todo *esto* encuentra el fundamento su fundamentabilidad *solo sobre la base* del ser-ahí.

El anuncio de la «existencia» se dio en *Ser y tiempo*. Esta es lo que hay que indagar antes que nada y, por tanto, lo digno de ser cuestionado y lo cuestionable antes que nada. Sobre los *múltiples significados* de la palabra, cfr. «Anotaciones sucesivas» a *Ser y tiempo*, pp. 7a ss.[2]

---

[2] Previsto para su publicación en *Zu eigenen Veröffentlichungen*, GA, 82.

I. Las posiciones metafísicas fundamentales...

¡El *ser-ahí* es el tema básico de la meditación *ontológica fundamental*!

El anuncio pone de relieve, contraponiéndolos, el ser-ahí y la diferencia del ser, es decir, aquí la referencia fundamental es la verdad de la diferencia del ser. (El auténtico objetivo es el ser hombre como ser-ahí, es decir, el hombre desde el más hondo fundamento de su esencia, desde la referencia y como referencia a la diferencia del ser porque esta es el campar de la diferencia del ser del acontecimiento de ser hecho apropiado [hombre – Dios]).

Por eso, esta manera de poner de relieve se dirige de entrada *inequívocamente contra* todo tipo de interpretación y experiencia del hombre como algo *presente y dado*:
- a) contra toda *antropología*, también contra la antropología «*existencial*» = moral y, por tanto, también contra todo planteamiento *biológico*: *psicología*. [En ella, el hombre se define como] animal..., ζῷον λογόν ἔχον, πολιτικόν (y la vida se considera como algo *presente y dado*). Cfr. Aristóteles, *Política* A 2.
- b) contra el hombre como «sujeto», conciencia, yo, espíritu, persona. El sujeto es lo *presente y dado* más cierto que cabe hallar en mí como el «yo».
- c) Todo esto, a) y b), está hoy mezclado en «*la vida y la vivencia*».

El desarrollo de la pregunta conductora no significa: ni el preguntar *inmediato* de la pregunta, es decir, esforzarse por responder tratando de y buscando compensar las respuestas que se han dado hasta ahora, y de esta forma, en realidad, sin seguir preguntando, puesto que ya se ha preguntado; y tampoco simplemente la «*reflexión*» sobre el cuestionamiento; sino: desarrollar dicha pregunta, devolviéndola así a un fundamento suyo más original, es decir, únicamente tener que *preguntar* más originalmente, y otra vez por vez primera y de nuevo.

3. *La diferencia del ser*

En el *desarrollo* de la pregunta conductora ya no seguimos preguntando esta, sino que entonces preguntamos la pregunta fundamental por la *verdad* de la diferencia del ser. El desarrollo de la pregunta conductora es, en sí mismo, la superación de ella desde su origen.

3.

La diferencia del ser

Resistir la necesidad del abandono del ser
Entregarse a la decisión
Experiencia del *haber sido arrojado el ser-ahí*
Las primeras indicaciones: *despertar el contenimiento*
Unicidad
La imposibilidad   no es un *fracaso*, sino el *saber* supremo
de representar   de la verdad y
La suprema extrañeza   un concebir pensando *la diferencia del ser*
El ocultarse
Cuanto más sapiente es este saber, tanto más verdaderos son lo ente y los dioses [?].

II.

LA PREGUNTA CONDUCTORA*
DE LA METAFÍSICA** OCCIDENTAL
Y EL REGRESO A
LA PREGUNTA FUNDAMENTAL

La «*ontología fundamental*» en *Ser y tiempo* como transición.
La *pregunta preliminar* que forma parte
de la pregunta fundamental
Pregunta conductora: ¿qué es lo ente? (esencia como *genos*)
Pregunta fundamental: ¿qué es el ser? (¿cómo campa el ser?)
Pregunta preliminar: qué es la verdad (esencia como *campar*)

---

* Cfr. «Procedimiento» // sobre el «preguntar» como rasgo fundamental de la existencia.
** Cfr. semestre de invierno de 1937-1938. Ejercicio.[5]

5 Cfr. *Martin Heidegger, Nietzsches metaphysische Grundstellung (Sein und Schein)*, en GA 87.

4.

PREGUNTA CONDUCTORA Y PREGUNTA FUNDAMENTAL

La *pregunta conductora* [se trató siguiendo] el hilo conductor de νοῦς – λόγος – κατηγορία; ratio – intellectus – *pensamiento* – juicio; de este modo, [es la pregunta por la relación entre] entidad *y* pensamiento.

La pregunta fundamental, por el contrario, [pregunta por la referencia entre] ser *y* tiempo. El «y» [tiene] en cada caso un sentido distinto, también en la formulación. En la *pregunta conductora* es una mera denominación adicional del *hilo conductor*; pero en la *pregunta fundamental* señala la tarea del salto original dentro de la *verdad* para la diferencia del ser.

Dificultad: así pues, ¿en la pregunta fundamental por «ser y tiempo», queda excluido el «pensar»? Hay que distinguir entre: (1) *«pensar»* en cuanto intervenir determinando por anticipado en el filosofar; (2) *«pensar»* como *realización* de la *meditación* filosófica.

El «pensar» (2) puede y tiene que ser sin que domine el «pensar» (1). Cfr. *Del acontecimiento*, «Introducción».[4]

Hay que distinguir entre: 1) si el pensar determina la entidad en cuanto tal como un *«haber sido pensado»* o «haber sido enunciado» (κατηγορία); 2) o si el pensar solo lleva a cabo la interpretación realizándola de modo que, eso como lo cual se interpreta la entidad, no sea determinado en modo alguno *por* el pensar ni como «haber sido pensado» ni como «haber sido enunciado».

---

6 Martin Heidegger, *Beiträge zur Philosophie. (Vom Ereignis.)* GA 65, editado por F.-W. von Herrmann, Frankfurt del Meno, Vittorio Klostermann, 1989, ³2003, pp. 3 ss.

II. La pregunta conductora...

Ahora bien, la superación de la pregunta conductora, como cuyo hilo conductor se evidencia el «pensar» (cfr. la «Introducción» a «La posición metafísica fundamental de Descartes»), *no* se refiere a la *sustitución* del pensamiento por el «tiempo» como hilo conductor, sino que la pregunta misma es, desde su fundamento, una pregunta distinta y más original. No se pregunta por la entidad de lo ente, sino por la verdad de la diferencia del ser; no se consulta a lo ente, sino a la *diferencia del ser*.

A.

El entramado desarrollado
de la pregunta conductora

5.

La pregunta conductora

¿Qué es lo ente? ¿Cuál es el *hilo conductor* de la pregunta y de la respuesta? La entidad captada desde el campo de visión del *pensamiento*. Cfr. aún *Kant* como posición intermedia decisiva entre los griegos y el idealismo alemán y el siglo xix, y Nietzsche. «Prólogo» a *Principios metafísicos de la ciencia natural*: «*Toda verdadera metafísica se ha obtenido de la esencia de la propia facultad de pensar*».[5]

Entidad y pensamiento — experiencia fundamental de lo ente — posición fundamental del pensamiento — animal rationale.

---

5 Immanuel Kant, *Metaphysische Anfangsgründe der Naturwissenschaft*. 1786, A XIII. (La cursiva es de Heidegger.)

6. *El entramado desarrollado de la pregunta conductora...*

Superación interior del planteamiento de la pregunta conductora:
a) desde su final y desde el desarraigamiento.
b) Desde la fundación creadora: pregunta por la verdad.

6.

EL ENTRAMADO DESARROLLADO DE LA PREGUNTA CONDUCTORA
(¿QUÉ ES LO ENTE?)
CFR. SOBRE TODO [MANUSCRITO] P. 66

1) El *campo*: (eso a lo que preguntamos es lo ente en su conjunto).
2) El *objetivo*: eso por lo que preguntamos es: lo ente como (ᾗ) ente, es decir, la entidad (todavía no, ni *jamás*, el ser mismo y en cuanto tal).
3) El *sentido*: (bajo el cual eso a lo que preguntamos es puesto en su verdad por eso por lo que preguntamos:
   a) la *constitución* de lo ente,
   b) el *modo* de ser.)
   El origen de la diferenciación entre «qué» y «que» (cfr. *Del acontecimiento*. «El salto»[7]). El origen, el «salto primordial» de este desdoblamiento, sigue oscuro, y dentro de la pregunta conductora queda incuestionado e *incuestionable*.
4) La *norma, la asignación de medida*: qué ente ofrece del modo más puro e inmediato la entidad, de modo que quede como medida y norma para la interpretación de todo ente.
   Para *Platón*: τέχνη, πρᾶγμα, εἶδος, ὕλη, φύσις.

---

6 [Cfr. más adelante en este capítulo.]
7 Martin Heidegger, *Beiträge zur Philosophie*, GA 65, pp. 272 ss.

II. La pregunta conductora...

Para Descartes: por ejemplo, la mathesis: la pertenencia y correspondencia mutua del *me esse* y del *cogitare*, en cuanto relación matemática primordial, es el axioma fundamental de todo saber: *esse = certum esse.*
Para *Kant*: la «naturaleza», Newton.
Para *Hegel*: el saber absoluto, «idea».
Para *Nietzsche*: el arte, comprendido desde el artista, es lo ente en cuanto creador, pero no es experimentable ni cognoscible para cualquiera y sin más.
En la norma, en la *asignación* de medida, está ya la referencia a lo que recibe la norma y la medida y a quien la da, es decir, el inquiriente.

5) El inquiriente *y su hilo conductor*: el hombre. Siendo él mismo inquiriente, en la pregunta conductora pregunta justamente por lo ente en su conjunto, pero de este modo, al mismo tiempo, está preguntando por sí mismo: ¿quién es el hombre? Pero esta pregunta tiene aquí ya de entrada *su respuesta* con la experiencia conductora de lo ente en su conjunto. [El hilo conductor está] enlazado con la norma y la asignación de medida (4): λόγος, pensamiento, νοῦς, *animal rationale*: el αὐτό de νοεῖν y εἶναι. El responder a esta pregunta acerca del inquiriente interviene en la determinación de la *ubicación*.

6) *La ubicación* (a partir de 4 y 5) del inquiriente: (¿dónde? Si dentro de lo ente en su conjunto, o *fuera*, o *en medio*.) Cada vez tenemos un «espacio», ya sea inmediatamente o en sentido transferido. La *ubicación* se determina conjuntamente desde el modo y la interpretación y la experiencia del *estar* ubicado, es decir, desde 5.

7) La *inclusión* del inquiriente *en* aquello a lo cual se pregunta, y en ello a través de esto; (1 ↔ 5) porque, al fin y al cabo, el inquiriente no está simplemente presente y dado entre los otros entes, sino que, en cuanto inquiriente, está ἀντί y, por

6. El entramado desarrollado de la pregunta conductora...

tanto, al mismo tiempo, inserto en un enfrente; solo que en cada caso de manera distinta, según en qué medida esto se pregunte expresamente.

8) El *contragolpe*: en la medida en que la inclusión forma parte del entramado, ello implica al mismo tiempo que desde la entidad de lo ente (2, 3) también se determina la entidad del inquiriente y de su ubicación; por ejemplo, entidad como substantia, como ser hombre, como alma, como «substancia».

9) El *giro*: con esto se quiere señalar que, en el entramado en cuanto tal, lo desplegado no está meramente acumulado como si estuviera una cosa sobre otra y encima de la otra, sino que se determina recíprocamente refiriéndose lo uno a lo otro, y que en el conjunto del entramado campa esencialmente un *giro* (inversión de la referencia) que sostiene todo preguntar, sin que, ni en un acto inmediato de preguntar y tampoco al hallar la respuesta, nada de esto llegue al saber, y ni siquiera al preguntar. 7, 8 y 9 determinan el *ámbito* de la pregunta. (¿Cuál es el origen del giro? Eso no se puede preguntar aquí, sino desde el campar la diferencia del ser como acontecimiento de hacer apropiado.)

Este despliegue del entramado de la pregunta conductora solo se hace posible cuando el preguntar ya se ha salido de ella, pero *no* en algún tipo arbitrario de reflexión (que vaya a la caza de «presupuestos» anímicos, o propios de la conciencia, o de cualquier otro tipo), sino en el acto de un preguntar originalmente la pregunta conductora misma, en la realización de la meditación que en ella se despierta y es despertada como pregunta, es decir, de aquella meditación que no se limita a plantear esta pregunta, sino que la advierte como la pregunta propia del primer comienzo y, por tanto, al mismo tiempo, como pregunta ineludible.

II. La pregunta conductora...

Este despliegue interno, que procede del preguntar la propia pregunta conductora y que, por tanto, es una superación de ella, preguntará en primer lugar qué es, pues, *lo que se pregunta*, en la medida en que aquí se está planteando una pregunta del saber, e incluso la pregunta por excelencia del saber. En tal medida, la pregunta conductora pregunta en un sentido supremo –igual que toda otra pregunta por el saber en general– por la verdad acerca de lo ente.

De qué tipo es esta verdad queda sin ser preguntado. Es la verdad acerca de lo ente en cuanto tal y, por tanto, acerca de la entidad, es decir, acerca del *ser* de lo ente que es proyectado desde un ente; pero el *ser mismo*, y el modo como puede ser puesto en general en la verdad, quedan totalmente sin ser preguntados. Pero la pregunta por el ser mismo, y desde él mismo, es la pregunta que *todo* lo funda: la pregunta fundamental. Es totalmente distinta de la pregunta conductora, y es al mismo tiempo aquella pregunta que, conjuntamente, plantea la pregunta por la verdad del ser como la pregunta preliminar, es decir, como aquella pregunta que constante y propiamente es precursora de la pregunta fundamental, estando así referida retroactivamente a ella.

Solo desde la *pregunta fundamental* por el campar del ser mismo, y solo desde la *pregunta preliminar*, que está en consonancia con aquella, acerca de la esencia de la verdad del campar del ser, puede concebirse y desplegarse la pregunta conductora *en cuanto tal*, junto con su entramado.

Pero entonces también se hace claro que este entramado no es ningún armazón construido y planteado e introducido artificiosamente en esta pregunta conductora, la cual, por lo demás, no sabe nada de ello; sino que este entramado mismo es la *disposición fatídica* para que sucediera la pregunta conductora y el hallazgo de la respuesta que le corresponde; la disposición fatídica del planteamiento, en el primer comienzo, de la juntura del (ser)

6. El entramado desarrollado de la pregunta conductora...

a cargo de la experiencia conductora de lo ente como φύσις; por eso, la pregunta conductora se hace «*metafísica*».

Es más, solo desde la pregunta conductora y desde el entramado desplegado puede decirse qué puede ser, y qué es, la metafísica tanto en cuanto procedimiento cognoscitivo como en cuanto doctrina afianzada. «Metafísica» solo la hay sobre la base y en el ámbito de la pregunta conductora. Y en función del modo y la dirección de la realización de la pregunta conductora (planteamiento y respuesta), se determina lo que nosotros llamamos una posición *metafísica* fundamental.

Con la superación de la pregunta conductora y del planteamiento de la pregunta conductora en general dentro de la pregunta por lo ente en cuanto tal, es decir, de la filosofía, acaba también la *metafísica*.

Comienza la preparación del otro comienzo.

En la medida en que el planteamiento de la pregunta conductora está referido a lo ente en cuanto lo real desde la percepción pensante e intuyente, todo el suceder ya cumplido de la historia de la pregunta conductora, es decir, de la metafísica occidental hasta Nietzsche incluido, puede ajustarse a las palabras conductoras: *lo ente y el pensar*.

Frente a ello, la superación de la pregunta conductora desde la pregunta preliminar y desde la pregunta fundamental en su despliegue se va preparando bajo las palabras conductoras: *ser y tiempo*.

Ambos títulos designan en su confrontación las posiciones respectivas del primer comienzo y del otro comienzo, una confrontación mediante la cual incluso la metafísica occidental que ha habido hasta ahora tiene que desplegarse más originalmente, teniendo, por tanto, que volver a ser asimilada de nuevo.

II. La pregunta conductora...

7.

A MODO DE CARACTERIZACIÓN DE LA PREGUNTA CONDUCTORA

¿Qué es lo ente? 1) Lo ente se toma como lo *real* (lo que comparece de una forma terminada, lo puesto a disposición); así considerado, no se lo toma en función de su posibilidad ni de su necesidad, ni *menos aún* más originalmente. Sino que la posibilidad y la necesidad se consideran a partir de la realidad. (Cfr. Aristóteles Met. Θ 8, 1049b: la prioridad de la ἐνέργεια sobre la δύναμις hay que entenderla solo en sentido griego. ἔργον, φύσις (τέχνη) πρότερον ἐνέργεια δυνάμεώς ἐστιν.) Como real se considera *lo que comparece*, y concretamente lo que comparece de modo constante. Esta comparecencia se interpreta a su vez de formas diversas: a veces como φύσις, ἰδέα, *certum ens*, objeto, lo sabido de forma absoluta; o a veces como *lo que nos incumbe*, como lo que sublima nuestra «vida»: Nietzsche.

2) Tomando así lo ente, en cuanto a su interpretación queda en una referencia al νοεῖν, λόγος, enunciado, ratio, razón, espíritu, y en general en una referencia al conocer y al *pensar*. «Ser y pensar» era el título para el movimiento fundamental de la metafísica occidental dentro de la pregunta conductora.

8.

LA SISTEMÁTICA (EL ENTRAMADO) DE LA PREGUNTA CONDUCTORA (τί τὸ ὄν)

Con ello se quiere decir: el entramado, la consistencia y la cohesión de lo que entra «en cuestión» en esta pregunta y en lo que ella pregunta.

El entramado: ¿*Qué se pregunta?* El ser de lo ente.
 ¿*Acerca de qué se pregunta?* Acerca de lo ente en su conjunto.
 ¿*Desde dónde se pregunta?*
 ¿*Quién es el que pregunta?*
 ¿*Qué relación guarda él con aquello a lo que se pregunta y con aquello por lo que se pregunta?*
 (Lo ente en su conjunto.)

Hemos de meditar sobre *el entramado*, para plegarnos claramente y *por entero* a él, es decir, para *preguntar realmente, desplegando* de este modo la pregunta conductora, y esto significa ahora: preguntarla previamente *desde la experiencia conductora*, a diferencia del tratamiento *inmediato*.

¿De dónde surge *la meditación sobre el entramado*? Desde el preguntar original la pregunta *fundamental*.

9.

LA UBICACIÓN DE LA PREGUNTA CONDUCTORA

La ubicación de la pregunta conductora se determina en función de un «dentro» y un «fuera», [como ya dice el término] «ser-ahí».

II. La pregunta conductora...

Si se pregunta desde «fuera», como, por ejemplo, dice Nietzsche, entonces «el mundo» sería un *problema* inabordable. Si se pregunta desde «dentro», entonces «el mundo» es voluntad de poder. ¿Qué significan aquí «dentro» y «fuera», y de dónde viene en general esta diferenciación, y cómo entra en la *pregunta conductora*, y qué lleva a cabo aquí?

1) La diferenciación es una diferenciación «espacial». *Se diferencia entre dentro y fuera, y entonces surge la pregunta por el límite*. Así pues, es una pregunta sobre el *espacio* y la *«espacialidad»*. Cfr. sobre tiempo-espacio. Cfr. *Ser y tiempo*.

2) Pero esta diferenciación desempeña una función especial en la caracterización del hombre y de su relación *«con el mundo»*. El alma está «dentro» y el mundo está «fuera». ¿Y el «límite»? ¿Y qué tipo de «espacio» tiene el alma y todo lo que forma parte de ella, por ejemplo, el *sentir*? ¿Desde dónde se está mirando en general aquí al hombre y a su relación? ¿Nuevamente *«desde fuera»* y, por tanto, «para» un dentro?

3) Pero ¿qué sucede con la diferenciación en relación con lo ente en su conjunto? Este se considera desde *«dentro»*, es decir, poniéndonos en situación de estar en nuestro interior (¡¡voluntad?!) frente a un afuera. De aquí surge un «frente a».

4) Así pues, la *diferenciación presupone* siempre el sí mismo y, por tanto, también la relación con el *mundo*. Esta *relación de sí mismo con el mundo es*, y *es* teniendo más entidad que el resto de lo ente porque, en cuanto ser-ahí, soporta el acontecimiento de ser hecho apropiado.

Pero esta relación de sí mismo con el mundo es en sí misma telúrica porque o bien se basa en el *ser-ahí*, o bien *no* se basa en él y entonces lo olvida y no lo *alcanza*. Y aquí, el espacio siempre se da en cada caso como respectivamente «este espacio», es decir, dentro de unos límites determinados, marcando la línea divisoria entre dentro y fuera. «Dentro»: el recuerdo aún como la procedencia del *«sí mismo»*. Por eso, el «ahí» se toma solo en su *espacia-*

9. La ubicación de la pregunta conductora

lidad, y se hace abuso de *esta* empleándola como explicación. Cfr. el *lenguaje*.

Tomamos como *ser-ahí* la relación de sí mismo con el mundo. El ser-ahí es «espacial» en la medida en que concede en general los «espacios», y solo esto es lo que permite que el espacio se abra y se cierre.

La ubicación de la pregunta conductora no *tiene por qué* ser «desde dentro», en la medida en que nosotros, los inquirientes, siempre formamos parte de lo ente *dentro de lo cual* también somos entes. Pero *este* «desde dentro», en el sentido de *un ente* entre otros, ¿no es ya un «desde fuera»? ¿Y a este «dentro» mismo no se lo está considerando desde fuera? *¿En qué medida?* En la medida en que todo sigue orientándose a lo que hay presente y dado delante, y entonces uno se sitúa «delante de» lo ente, y al hacerlo, o bien se olvida a sí mismo en ello, o bien, simplemente, *se cuenta a sí como formando parte de ello* para luego *extraerse* (pero de forma indeterminada y, por tanto, pese a todo, *contándose* a sí mismo) en una diferenciación *puramente* numérica. Pero ¿qué significa *extraer*? ¿De dónde se sustrae, y adónde? Pues justamente de tal forma que aquel estar «entre otras cosas» se hace visible y se divisa y es *re-pre-sentado*. ¿Y qué sucede con este *representar*? ¿Es simplemente un representar enumerable y que hay que sumar, o se relaciona de otro modo con lo ente en cuanto tal? Eso ya lo dice la frase de *Parménides*. Según esta, en este «desde dentro» se encierra más que el mero *pertenecer*. Este, en cuanto tal, es *lo que percibe* aquello de donde *forma parte*, percibiéndose, por tanto, a sí mismo *como formando parte de ello* y como *percipiente* (como *sitio de la verdad*). ¿Qué significa esto? ¿Y cómo se interpreta inicialmente y se reinterpreta esta experiencia?

10.

La pregunta conductora del «en medio» – alrededor

Con el entramado de la pregunta conductora se insinúa ya el «en medio», sin que el «en medio» pueda fundamentarse desde ella: pues la pregunta conductora, justamente, de alguna manera toma siempre a lo ente pese a todo como «objetual», como «objetivo», o bien –lo que viene a ser lo mismo– como «subjetivo», desde la «conciencia».

Pero *en el comienzo* uno está olvidado *de sí mismo* y, por eso, lo ente tampoco es objetivo. En el comienzo estamos más acá de esta diferenciación entre subjetivo-objetivo, νοεῖν – λόγος. Con el olvido de sí mismo que conlleva el enumerarse a sí mismo se corresponde la pura *comparecencia*, pero de modo que esta permanece igualmente oculta en su temporalidad: φύσις.

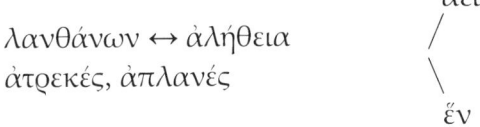

λανθάνων ↔ ἀλήθεια
ἀτρεκές, ἀπλανές

El *«en medio»* solo llega a su fundamento desde el ser-ahí; en la medida en que el ahí ha surgido de tal forma como «en medio», el acontecimiento de ser hecho apropiado pasa a ser origen para los dioses: para su huida y su aproximación. Es el *éxtasis* en el tiempo-espacio como ingreso en lo así abierto, y eso es el ingreso como *adelantamiento* (anticipación, ventaja: salto *previo*).

11.

DESARROLLO DE LA PREGUNTA CONDUCTORA. EL DESDE «DENTRO» («EN MEDIO») Y DESDE «FUERA» (ALREDEDOR)

1) ¿Cómo es lo ente «desde dentro»? ¿Dentro de dónde? ¿Y quién está «en» lo ente? Nosotros mismos: a) en cuanto formamos parte de él, b) pero sabiendo al mismo tiempo de esta *pertenencia* –del *«en medio»*– (es decir, sabemos de nuestra referencia en términos de ser a lo ente en su conjunto); c) nosotros [?] *mismos* solo *somos sabiendo*, o dicho de otro modo, no sin saber (saber y voluntad). El «desde dentro» apunta entonces al *«en medio»* no desplegado, y él mismo solo está planteado de modo muy impreciso y sin un saber del entramado (de modo tan evidente y obvio). (Hay una *extraña insensibilidad* ante la gravedad de planteamientos tales.)

2) Lo ente «desde fuera» aparece como conjunto. ¿Quién está *fuera*, y cómo? ¿Y *en torno a qué* está con-centrado el conjunto? ¿Y cómo está planteado el propio «en torno a» y «alrededor de», y en qué relación con el «en medio»? Situarse *ante* lo ente.

12.

DESPLIEGUE DEL HILO CONDUCTOR

El «desde dentro» y «desde fuera»: *tiempo-espacio*. ¿Cómo es la relación con el «espacio» y el «tiempo»? El «tiempo desde dentro» y el «tiempo desde fuera»: el primero, un choque (extáticamente) evadido; el segundo, una secuencia de ahoras. Pero él mismo es

II. La pregunta conductora...

el fundamento de esta diferencia, que *planteada* así, espacialmente, aún no se comprende lo suficiente. Tenemos que pensar de qué modo en este dentro-fuera se encierra la pregunta por el tiempo-espacio y, por tanto, la pregunta por el ser-*ahí*.

13.

El entramado de la pregunta conductora

1) *Entidad* desde lo ente.
2) *Ser* desde él mismo, es decir, la verdad de su campar.
3) Porque, con la pregunta fundamental, 1) regresa a 2).

El campo: aquello a lo que se pregunta es lo ente en su conjunto.

El objetivo: aquello por lo que se pregunta es lo ente en cuanto tal, la entidad (el *ser de* lo ente, no ya el *«ser»*).

El sentido: el ser *de lo* ente, es decir, lo ente en el sentido de la *constitución* y el *modo* de ser.

El criterio y la norma (qué los da y cómo se miden y se dan): todo lo ente, ahí donde se muestra del modo mejor y supremo, a la luz del concepto no desvelado de ser. Por ejemplo, para Descartes, es lo indubitatum y certum. ¿Y qué es aún la οὐσία? El sitio donde lo ente es conocido y donde se lo puede medir conforme a criterios. La ubicación del preguntar («en medio»)
enfrente de   – ἀντί
contra, frente a   – comparecencia

El *inquiriente mismo*: el hombre: ζῷον λόγον ἔχον.

Contragolpe de lo preguntado: el hombre *perteneciente a lo ente*. De qué modo se corresponde con lo ente *como* tal, es *la norma y el criterio*. El hombre está incluido en aquello a lo que se pregunta: lo ente *como* tal. En todo esto, *el giro* se da de una forma diversa.

14.

El entramado de la pregunta conductora

¿Qué es lo ente? τί τὸ ὄν;
1) ¿*Acerca de qué* se pregunta? (ámbito – campo). Acerca de lo ente *en su conjunto* (unidad / ἕν – πᾶν. Eso a lo cual se pregunta).
2) ¿*Qué* se pregunta? ¿*En cuanto a qué?* (Objetivo.) Lo ente *como* ente, el ser *de lo* ente. (Eso que se pregunta.)
3) ¿En *qué sentido* se pregunta *en el campo* para llegar al objetivo? Lo ente en cuanto tal.

Constitución: a) «*lo que es*», *qué aspecto tiene* (por ejemplo, voluntad de poder).

Modo: b) *cómo es, modo de ser* (por ejemplo, eterno retorno de lo igual).

4) ¿*Desde dónde* se dice? ¿*Surgiendo de dónde? Lugar de ubicación.* Lo ente en su conjunto.
a)   desde «dentro» (¿igual que hacia dentro?)
b)   desde «fuera».

¿Cómo es lo ente en cuanto tal? Cfr. Leibniz, *repraesentatio*: término con doble significado.

¿Cómo [es] en su conjunto? La *unidad de ambas* posiciones de la mirada. ¿Cómo está ella misma fundada metafísicamente? ¿En el *summum ens*, a lo cual se opone Nietzsche?

5) ¿*A qué ente* se pregunta *en primer lugar* (tránsito, paso a través)? Lo *distinguido* como lo *determinante* que da la norma; por ejemplo, en Nietzsche es «el arte». ¿Por qué esto? [En un primer momento esto es] equívoco: por un lado, es lo más accesible, por otro, lo más determinante. (N.B.: en *Ser y tiempo* la «existencia» tiene una esencia y una función *enteramente distintas*.)

II. La pregunta conductora...

6) *¿Quién pregunta?* ¿Quién asume el preguntar? ¿Quién se pone en su ámbito? El hombre. ¿Qué es el hombre? El inquiriente en cuanto siendo, y su relación con el *«acerca de qué»* de la pregunta: lo ente en su conjunto. Pregunta: lo ente en su conjunto 1), en relación con 4) y 5), contragolpe e inclusión. El concepto como quintaesencia en un sentido doble:
a) en su conjunto
b) incluyendo al conjunto en su contragolpe.
Preguntar y ser sí mismo. Los grados, las *respuestas* en cuanto *tales* y las respuestas sin carácter de respuesta: *¡la incuestionabilidad imperante!*

7) *¿Qué pregunta* en conjunto la pregunta? (¿Hacia dónde se preguntaba?) La *verdad* sobre lo ente en cuanto lo ente en su conjunto (entidad). ¿Qué significa verdad? ¿Y cómo se relaciona con el saber? Acerca de la verdad como *«rectitud»* (relación sujeto-objeto) ya se ha decidido conjuntamente.

8) ¿Y qué permanece sin haber sido preguntado? ¿Y sin embargo puesto ya conjuntamente? La *esencia del ser y la verdad* de su campar como *fundamento* del conjunto. Entidad solo desde el ser.

9) *Transición* a la pregunta preliminar y a la pregunta fundamental: *pero todo esto expuesto solo de una forma escolástica.*

15.

La pregunta conductora

1) [Acabamos de ver] qué forma parte de la esencia de su entramado. 2) ¿De dónde vienen estas distinciones? *Se escinden uno de otro la constitución del ser y su modo*, es decir, ser-qué *y* ser-que: [esta diferencia] solo es una determinada variación [de la formulación de la pregunta conductora] y, por tanto, es una confusión fundamental basarlo todo en ella. ¡Al contrario!

16. La inclusión

Pero que esto suceda es una prueba de que la pregunta conductora está sin desarrollar, y eso es lo que significa la constitución de la οὐσία y de la φύσις: *metafísica*.

Al margen de si y del modo como se conocen y se conciben en cuanto tales las partes constituyentes del *entramado*, sobre todo en el acto y en el curso del preguntar la pregunta conductora hay múltiples posibilidades de asignar las relevancias: se cuidan especialmente ya los sentidos, ya el objetivo, ya *la norma y el criterio*, sin que *al hacerlo* se haya llegado a entender el alcance. Aunque, en realidad, de este modo ya ha quedado determinada siempre la *respuesta* a la pregunta.

16.

La inclusión

¿Qué queda incluido? *El inquiriente* porque, en cuanto forma parte de lo mismo ente, es afectado por su «fundamento»; pero, en lo esencial, como el incluido mismo en cuanto inquiriente y en general (¿verdad?).

O *inclusión* en todo el *entramado* de la *pregunta conductora*. Incluido ¿dónde? ¿En lo *abierto* por las disposiciones, de modo que nuevamente aparece la *verdad*? Ubicación – pregunta.

El *desarrollo de la pregunta*: de forma inesperada, se da un importante *esclarecimiento* de la esencia del preguntar.

B.

LA PREGUNTA CONDUCTORA: τί τὸ ὄν; EL DESARROLLO DE LA PREGUNTA CONDUCTORA

Eso a lo que se pregunta: τὸ ὄν – ᾗ ὄν;
eso que se pregunta: el εἶναι, entidad de lo ente.
«Metafísica»

17.

Pero la entidad no es aún el ser. «Lo ente en cuanto ente»

Cuanto más puramente preguntamos a lo ente *en cuanto ente*, es decir, cuanto más puramente preguntamos por su *ser como diferencia respecto del ente*, tanto más resueltamente estamos *apartándonos* de lo ente con nuestra pregunta. Pero ¿apartándonos hacia dónde? Y por otra parte, ¿no estamos preguntando hacia lo ente mismo? ¿Estoy diciendo algo cuando declaro que el ser como diferencia es lo *«general»*? Al fin y al cabo, eso es solo una determinación derivada del *concepto* de ser, pero, pese a todo, *no* la *esencia del ser como diferencia*; y sobre todo, no

18. *La pregunta por el ser...*

es ningún camino hasta ella ni hasta la experiencia de su *campar*.

Cuanto más puramente preguntamos por el *ser como diferencia*, tanto más resueltamente venimos a lo oscuro (es decir, con el ὄν ᾗ ὄν no estamos preguntando en absoluto *por* el *ser*. El «preguntar *por*» es equívoco. Preguntamos *por* lo *ente* como aquello *a* lo que estamos preguntando. Preguntamos *por* el ser de lo ente como aquello *por* lo que estamos preguntando. Pero aún no estamos preguntando por el *ser* como aquello a lo que preguntamos. En la pregunta conductora, «el ser» no es aún aquello *a lo que* preguntamos, de modo que lo *preguntado, aquello por lo que preguntamos*, pasa a ser lo más cuestionable); así que primero tenemos que plantear la pregunta preliminar. ¿Cómo? ¿En qué se nos hace manifiesta la diferencia misma del ser, y cómo *está* manifiesta? La pregunta por lo ente *en cuanto* ente, ¿acaso queda con ello destruida y negada, o más bien no queda fundamentada?

18.

LA PREGUNTA POR EL SER
COMO PREGUNTA CONDUCTORA

Acerca de la pregunta por lo *ente en su conjunto*, cfr. en el semestre de verano de 1937 las reflexiones en relación con la determinación que hace Nietzsche del carácter global del mundo como caos de la necesidad y del eterno retorno. Semestre de verano de 1937, pp. 38 ss.[8]

---

[8] Martin Heidegger, *Nietzsches metaphysische Grundstellung im abendländischen Denken. Die ewige Wiederkehr des Gleichen. Freiburger Vorlesung Sommersemester 1937.* GA 44, editado por Marion Heinz, Frankfurt del Meno,

19.

PREGUNTA CONDUCTORA Y PREGUNTA FUNDAMENTAL

La ontología fundamental aparece como *estado intermedio*. Su pregunta es τί τὸ ὄν (ἣ ὄν): qué es y cómo es lo ente en cuanto tal; pregunta, por tanto, por *el ser*, por el concepto de ser, pregunta, por tanto, cómo obtenerlo.

Con esto, parece que ya se ha terminado con todo lo relativo a las preguntas, y que la última pregunta ha quedado planteada como pregunta primera (la pregunta por los principios). Y *sin embargo*, justamente aquí no hay una *experiencia fundamental* del ser mismo, sino que, más bien, el ser, habiendo sido puesto como la escoria y como un residuo de lo ente, se ha puesto conjuntamente junto con lo «ente» y bajo la norma previa de este. (Hay que mostrar, con la historia del tratamiento de la pregunta conductora, que esto es así.) Ahora queda solo la *pregunta por la posibilidad*, por ejemplo, cómo *entender* el ser. Aparentemente, *así* se hacía *todavía* en *Ser y tiempo*.

En lugar de ello, hemos de lograr la experiencia fundamental del ser y, por tanto, *fundar originalmente la norma previa* de lo ente. En la experiencia fundamental, la pregunta fundamental es la pregunta por la *verdad* del modo como el ser mismo campa.

Vittorio Klostermann, 1986, pp. 95 ss.

20.

El concepto de metafísica

Cfr. *Reflexiones* V, 39.[9] μετὰ τὰ φυσικὰ; φυσικὰ de la φυσικὴ ἐπιστήμη. *Φύσει ὄντα:* este tipo de ente es de entrada determinante y normativo también para ὂν ᾗ ὄν. Asimismo donde más tarde se pondrá la «historia» y la «vida», el arranque está puesto antes de lo *ente*, aunque el «antes de» se olvida o se pone en el «sujeto», y *entonces* toda *existencia* se «subjetiviza», aunque, con ello, justo se mantiene lo que inicialmente era «objetivo». «Metafísica» es, pues, la pregunta por el ὂν ᾗ; en el ᾗ está aquí el μετά, y con ello se muestra que el ὄν precisamente se mantiene; cfr. luego la *reinterpretación* en el «trans», *trans physicam*: cristianismo.

Pero no solo se trata de la *trans physicam* (φυσική), sino de la φύσις *en general*, y con esto se está preguntando más allá del primer comienzo en cuanto tal: no solo más allá de lo ente, sino también más allá del *ser* de lo ente así planteado. Hay que arrancar de más allá, justamente del ser mismo y por vez primera; y, *por eso*, esto es, a su vez, un *comienzo*; pero como este tampoco se da sin el primero, es, por tanto, otro comienzo.

«Meta-física» significa ahora lo que viene *después* del primer comienzo en la φύσις y como norma y el criterio de la φυσικά, como otro comienzo, y ahora es un título para la transición del primer comienzo al otro comienzo. Pero eso significa, en realidad, algo *vacío*.

---

[9] Cfr. *Überlegungen* V, p. 39. [Previsto para su publicación en *Überlegungen* II-VI, GA 94.]

21.

El cuestionamiento propio de la ontología fundamental como estado intermedio. Cfr. la pregunta conductora. Desarrollo de la pregunta conductora y ontología fundamental. Ontología-fundamental

[Ontología]
Existencia
y
hombre.
Supongamos que, a causa de un malentendido, tomamos el libro [*Ser y tiempo*] como una antropología, ¿qué sucede entonces? ¡Que el hombre está hecho de «ser»! *Jamás* se pensó así.

[fundamental]
Esencia del hombre
como
fundador del ser-ahí.
Por primera vez se trata sobre eso en *Ser y tiempo* porque es ahí donde por vez primera se trata la esencia del hombre desde el modo como el *ser* campa *en cuanto tal.* (Inicialmente se lo toma solo como t[emporalidad]), pero en lo fundamental esto acaba siendo decisivo para todo, aunque luego su desarrollo sea cuestionable y no lo suficientemente original: hay que considerar el ser-ahí desde la *verdad* como esencia del ser.

21. El cuestionamiento propio de la ontología fundamental...

¿En qué consiste la esencia de la intervención de la ontología fundamental?

No en que «el hombre», ni mucho menos el «individuo», el «yo», se considere un ente privilegiado; tampoco en que aquí se busque el *acceso* a lo ente en su conjunto. Sino en que, en lugar de toda ontología que ha habido hasta ahora, para la cual *lo ente* en cuanto tal sigue siendo eso a lo que se pregunta, el *ser* mismo pasa a ser por vez primera eso a lo que se pregunta, y eso por lo que se pregunta es la verdad del campar del ser, y eso hay que fundarlo como existencia (formando parte ella misma de la esencia).

De *esta* transformación de la pregunta conductora en pregunta fundamental surge la pregunta por el ser-ahí, que a su vez tiene, de modo correspondiente, un carácter primordialmente propio, no siendo comparable con nada de lo anterior, ni siquiera con lo *transcendental*. El hombre, como fundador del existir, tiene su estancia en el acontecimiento de hacer apropiado. Es decir: en la medida en que el hombre interviene como inquiriente, y encima como inquiriente de la pregunta fundamental, y en la medida en que hay que determinar su qué, esta pregunta fundamental se hace de forma singular desde la esencia del ser mismo, *desde* el acontecimiento de ser hecho apropiado *como ser-ahí*.

El cuestionamiento ontológico fundamental como estado intermedio

«Ontológico fundamental» significa: 1) indicar ontológicamente una pregunta por el ser, la *diferenciación*; y 2) fundamental, pregunta fundamental, que pregunta por el «desde dónde», es decir, que pregunta por una transcendencia. Pero ¿y *la verdad del ser*? Ese es el planteamiento para la pregunta fundamental. Pero ¿cómo es también planteamiento para la pregunta conductora? De una manera *directa*. ¿Qué significa eso?

II. La pregunta conductora...

La verdad es ella misma, justamente, el campar del ser, pero *eso* solo lo es si el ser-ahí aparece como fundación y cocedero, como terreno de juego y como abismo para el acontecimiento de hacer apropiado. El acontecimiento tiene entonces carácter tanto de apropiamiento como de desapropiamiento. Esto supone una superación *de toda ontología*, por el motivo de que esta (la ontología) solo es posible *dentro de* la pregunta conductora, y concretamente de la no desarrollada.

Ontología y pregunta por el ser

No se habla de cuál es la «ontología» correcta, sino de cuál es la esencia del ser, y de cómo tenemos que preguntar y qué es lo que forma parte de esta pregunta. Este preguntar, en cuanto sucede, es en sí mismo lo esencial. No es ningún asunto de la determinación de una *«disciplina»*, de un *pensar en disciplinas* y de un distribuir en compartimentos.

La pregunta de la ontología fundamental y la pregunta ontológica

Onto-*logía* en el sentido *habitual* es el conocimiento de lo ente en cuanto tal según el qué y el cómo (pregunta conductora), pero en ella aparece la raíz «-logía» porque lo ente se toma desde el *pensar*; el «es» es la categoría; a eso se le suma θεός, y la ontología pasa a ser *onto-teo-logía*: Deus, lo absoluto, *ens realissimum*.

¿Cuál es la época trágica tras la inversión del platonismo? El eterno retorno de lo igual. La onto-logía olvida justamente preguntar cómo y por qué, por ejemplo, el *pensar* determina la verdad del ser. Olvida preguntar qué significa «ego», o la conciencia; que la verdad pasa a determinarse como *certeza* y, por tanto, como *rectitud*. La verdad como *rectitud* es el *presupuesto para la relación sujeto-objeto*.

22. La pregunta conductora: desarrollo...

La *ontología fundamental* no es una mera disciplina en una clasificación *provisional,* sino que en su conjunto plantea la pregunta por el ser de otra manera, y por consiguiente ella es también solo un estado intermedio.

22.

La pregunta conductora: desarrollo de la pregunta conductora y ontología fundamental

Cfr. Ontología fundamental como «estado intermedio». *La realización de la pregunta conductora* tiene necesariamente el carácter del *apartarse del ser* dirigiéndose hacia lo ente y, por tanto, de explicar también el ser desde lo ente, o incluso desde *un* ente: ἀρχή, ἰδέα, τὸ θεῖον, φύσις, Deus; ego, etcétera; el «espíritu absoluto».

Por eso, el desarrollo de la pregunta conductora propende a mantener fijado el ser en la interpretación que fue establecida una vez, ampliándolo hasta el concepto más general y vacío, allanándolo y desenraizándolo, y convirtiéndolo así en lo «general».

La pregunta τί τὸ ὄν no se plantea ni se sopesa en absoluto, sino que apremia a responderla como si fuera obvia, es decir, apremia a una modificación de la οὐσία tal como había venido dada. Modificaciones tales las representan *Hegel* y el *eterno retorno.*

Frente a esto, la ontología fundamental es *el primer paso para el desarrollo de la pregunta fundamental,* es decir, surge de la experiencia del ser mismo, de su campar *y* de su verdad. Incluso a partir de aquí la pregunta conductora se hace por vez primera visible *en cuanto tal.* Pero al mismo tiempo la *ontología fundamental* es solo una *transición* hacia la experiencia fundamental y la pregunta fundamental porque enlaza con el estado de la pregunta conductora y, en cierto sentido, pregunta todavía *desde sus*

II. La pregunta conductora...

modos de preguntar –transcendencia y posibilidad transcendental–, dándose sin embargo ya algo totalmente distinto: que el *ser-ahí* y la verdad están experimentados y concebidos.

Los diversos modos y grados del *desarrollo de la pregunta conductora* (fundamentalmente distinta de la ontología fundamental, que también es solo transición) proceden de la experiencia conductora de lo ente en su conjunto. Lo característico aquí, en el ámbito de la pregunta conductora y de la experiencia conductora, es que el ser *jamás* se experimenta en cuanto tal: no es una experiencia fundamental, sino que siempre es solo una experiencia desde lo ente, recayendo, por tanto, en un predominio del *platonismo*; ese es el sentido «*metafísico*» de la *meta-física:* Φύσει ὄν y εἶναι; ἕν y νοεῖν – λόγος.

Ciertamente, en el comienzo inicial está ya al mismo tiempo la posibilidad de la experiencia fundamental, pero ella no se puede realizar ni soportar y *por eso* se produce necesariamente un derrumbamiento de la ἀλήθεια.

Pero por otro lado, con la pregunta conductora el ser es puesto necesariamente en una (verdad) que, justo, tiene que permanecer ella misma escondida en cuanto tal porque la experiencia y la mirada se *apartan* del ser y se dirigen a lo *ente* de este ser, y esto hasta el extremo de que el ser mismo se interpreta como *el* ente más ente (ὄντως ὄν y al mismo tiempo ἀληθὲς ὄν). Y más tarde se lo deriva desde el summum ens (Deus) como causa prima, pasando a ser ens creatum; lo más cierto pasa a ser el saber absoluto. Se consuma la conversión de la realitas en la realidad del siglo XIX y de Nietzsche. Lo real, lo efectivo, lo individual están embarcados en su *desarrollo*, en su progreso. Las *categorías* siguen siendo ininterrumpidamente las antiguas, solo que hay otros planteamientos y conexiones: cfr. la *Lógica* de Hegel.

Por eso, el desarrollo de la pregunta conductora, en la medida en que de este desarrollo siempre forma parte en uno u otro sentido la *pregunta por la verdad*, también es siempre solo una

22. La pregunta conductora: desarrollo...

pregunta por la (verdad) de lo ente, por la ἰδέα, Deus – ideae, idea y certitudo: de ahí la pregunta transcendental, la dialéctica absoluta o, luego, el explicar a partir de y el referir a lo ente, un explicar y un referir que se vuelven oscuros: «materialismo», doctrina de la evolución, vida.

Esta pregunta por la verdad, en esta forma, apareció porque en la pregunta conductora *como* pregunta por el ser (cfr. ahí) reside necesariamente el contragolpe al inquiriente, al hombre. Pero el *contragolpe* ni siquiera se concibe él mismo en cuanto tal, ni menos aún como formando parte de la esencia del ser y de la verdad (resguardamiento). En este contexto surge la pregunta por el inquiriente, por el hombre, como siendo un ente, un ente que está *en medio* de lo ente. En un primer momento, este «en medio» tiene que tomarse también solo como un término de la cuestionabilidad, igual que el «en su conjunto». Cfr. *Nietzsche 37*, p. 12.[10]

El *«en medio del conjunto»* (cfr. la página siguiente) nombra, indicándolo formalmente, el *sitio abierto* en lo ente; surge de la esencia del ser (acontecimiento de hacer apropiado – ser-ahí). Pero en el desarrollo de la pregunta conductora, el *«en medio del conjunto»* se hace cuestionable *como mucho* como la pregunta por la posición del hombre en cuanto dado y presente en lo ente. Pero cuando el hombre comienza a orientarse a sí mismo y a depender de sí mismo, en la modernidad, entonces arranca también, junto con la pregunta por la certeza, la *pregunta por la seguridad*, y con la pregunta por la seguridad comienza a volverse oscilante el *objetivo*.

El único cuestionamiento sobresaliente en este sentido se ha alcanzado con el planteamiento *monadológico* de Leibniz. ¿Y Nietzsche? (Cfr. las páginas siguientes.) Aquí, [en Leibniz,] lo anterior: la metafísica cristiana, Descartes, Aristóteles, Platón, se ha

---

10 Martin Heidegger, *Nietzsches metaphysische Grundstellung im abendländischen Denken*, GA 44, p. 25.

II. La pregunta conductora...

unificado en una nueva visión fundamental, prefigurando una posición que ya no se sigue desarrollando. Lo que sigue luego: Kant, el idealismo alemán y Nietzsche, presupone todo *esto*, y, en el fondo, no permite que el *preguntar monadológico* aflore puramente como *la* pregunta por el «en medio del conjunto», es decir, no permite que se haga más original, sino que, en lugar de eso y de forma marginal, o bien se plantea la pregunta transcendental sin una pregunta clara y resuelta por el «en medio de», de forma que, por decirlo así, se sigue arrastrando la vieja metafísica (ens creatum); o bien se plantea la pregunta *transcendental absoluta* clara pero unilateral (Fichte, Hegel); o bien se plantea la pregunta *positivista*. Seguimos con el preguntar desde dentro y desde fuera. Vemos cómo Nietzsche está aquí, por un lado, enteramente dentro de esta tradición que no se controla claramente, mientras que al mismo tiempo, de una manera que en apariencia es en extremo positivista, toma la *corporalidad* como hilo conductor. Y, sin embargo, «corporalidad», *Leib*, viene de «vida», *Leben*, y la vida no se toma aquí biológica, sino metafísicamente. Voluntad de poder y eterno retorno (voluntad y eterno retorno).

Si hubo alguien que tuvo que desplegar la pregunta monadológica para ver lo que propiamente había tras ella, ese fue Nietzsche (tanto por causa del perspectivismo como por la voluntad de poder, perceptio, *appetitus*, vis activa): 1) el *en medio*; 2) juntamente con ello, el *contragolpe*. Pero la pregunta monadológica obtendría ahí un peculiar viraje, puesto que «Dios» está muerto, y entonces falta lo esencial de la *monadología*, la *mónada central*, y tampoco la substantia misma como *actus* y *motus* (vis activa) es suficiente. Del mismo modo, la pregunta por el «en medio» sigue sin ser aclarada en la *Fenomenología del espíritu*; y de modo completo en el primer comienzo (Heráclito – Parménides). Aquí permanece todo necesariamente oscuro.

En la pregunta conductora, en relación con el «en conjunto» y el «*en medio* del conjunto», en un primer momento impera la

22. *La pregunta conductora: desarrollo...*

actitud del re-pre-sentar, del pensar y explicar observando, objetualizándose todo, sin que eso que ahí está objetualmente se comprenda *en cuanto* siendo, es decir, desde el ser y desde su campar.

El modo de considerar y contemplar es evidente y obvio, y sin embargo, en el fondo, resulta chocante y, considerándolo desde la pregunta fundamental, terrible: la consecuencia del olvido completo del ser, el «haberse marchado» como lo que *no llegó a ser aún* ser-ahí.

Pero en la medida en que este modo de representar es quizá la superficialización más extrema, tiene su sitio en la monstruosa falta de esencia del ser; y en lo que tiene de terrible es una consecuencia del *desapropiamiento*. Lo que en *Ser y tiempo* se tomó como «caída en el estar dado delante como presente», no es a su vez más que un indicio externo y consecuente del desapropiamiento y del afianzamiento de su repercusión.

Con el predominio de *esta* actitud en el tratamiento de la pregunta conductora, e igualmente con la esencial falta de claridad en el desarrollo de la pregunta conductora (el no conocer bien la pregunta monadológica), guarda una relación esencial que este tratamiento de la pregunta conductora sea desplazado a la metafísica general, a la [doctrina] f[ormal de las] categ[orías], o a la lógica, es decir, que el «temple de ánimo» ya no entre en juego. La pregunta conductora no conoce el temple de ánimo porque en realidad, como temple fundamental, este solo entra en juego en la *verdad* y, por tanto, en el «en medio», en la medida en que forma parte de la experiencia fundamental y solo junto con tal experiencia fundamental. Esto es lo que en *Ser y tiempo* se intentaba hacer con el *hallarse*, pero aún de forma muy insuficiente.

En Nietzsche, que con la pregunta conductora llegó hasta el final y, de este modo, ya más allá de ella, el poder del temple se evidencia en su propia actitud pensante, en la medida en que

II. La pregunta conductora...

constantemente tiene que hablar de él y de la preparación de esta actitud (cfr. la poesía de la figura del nuevo pensar: Zaratustra). Pero porque no desarrolla la pregunta conductora en cuanto tal, ni, por tanto, se ve impelido hasta la pregunta fundamental en cuanto tal, también todo esto queda oscuro e infundamentado, y se hace necesario que el pensador, el poeta, el maestro, el predicador y el anunciador se *disgreguen* unos de otros.

Pero el «en medio», en cuanto lo (abierto), es en sí mismo, simultáneamente, el *«en torno a»*, el *«alrededor»*. Cfr. Nietzsche: en torno al «héroe», en torno a «Dios». Solo que la pregunta vuelve a ser si todo esto se queda en el ámbito de lo *«ente»*, pues entonces se llega solo a este «en torno a» que sigue siendo equívoco, pudiendo tener un sentido *cósico* o inherente. Eso ya sucede también en la *Monadología*: cfr. repraesentatio, «espejo», y de forma correspondiente, el concepto de «mundo».

Pero en Nietzsche se ha dado un paso esencial: él está en el *tránsito*.

El *«en torno a»*, ¿dónde está? En el «dónde» a través del «ahí» del ser-ahí («El centro está en todas partes», *Zaratustra*, «El convaleciente»[11]); pero todas estas referencias y, por tanto, el concepto original del ser en su conjunto, solo alcanzan un *fundamento* desde la pregunta conductora: *ese* fundamento que funda en múltiples sentidos.

---

11 Friedrich Nietzsche, *Werke* (edición en octavas grandes), vol. VI: *Also sprach Zarathustra. Ein Buch für Alle und Keinen*. Leipzig, Kroner, 1904, p. 317.

23.

La experiencia conductora

¿En qué medida está ella decidida en lo esencial, tanto en lo formal y en lo universal como en cuanto a su grado? ¿En qué medida es preparada mediante un «preguntar»? ¿En qué medida prepara ella el preguntar? ¿Cabe diferenciar en general así? ¿Acaso el experienciar no es siempre inquiriente?

En Nietzsche, por ejemplo, tenemos: 1) el πάντα ῥεῖ, todo lo ente como un devenir; 2) arte, como crear. ¿Cómo lo uno condiciona lo otro? ¿O acaso esta diferenciación solo es aparente y en sí misma oscura e insegura, mientras no se haya preguntado la pregunta *fundamental*?

24.

Experiencia conductora de lo ente en su conjunto, y ubicación

1) ¿Lo ente en su conjunto como lo «enfrente»?	Imposible (cfr. [relación] sujeto-objeto como planteamiento.) El dentro / fuera.
2) ¿La inclusión de quien experiencia? Pero ¿adónde, dentro de dónde? Dentro de aquel «*enfrente*», o a la inversa.	El *hombre* (sujeto) como resultado y *modificación* del *conjunto* (metafísica en sentido más amplio).

II. La pregunta conductora…

3) ¿Qué y quién «*es*» el que hace la experiencia? La interpretación que ha habido hasta ahora no ha surgido del preguntar, y por eso hay que formular la pregunta por la auténtica experiencia conductora.

4) Pero *si* la interpretación se hace desde ahí, entonces hay que hacerla considerando como aspectos el «*en medio*» y el «*en torno a*». ¿Por qué y cómo se corresponden ambos mutuamente? Igual que el propio «*enfrente*» (1), ambos son uno, y no un «*círculo*»: *espacio – tiempo*.

Relación sujeto-objeto: lo abarcante tiene consistencia *gracias a* lo abarcado, y *este* solo da tal consistencia en la medida en que es *abarcado*.

25.

Sobre la experiencia conductora de lo ente en su conjunto.
Relación sujeto-objeto

El sujeto: hombre, ser vivo, presupone todo el «desarrollo» de lo viviente y sus condiciones (objeto). El propio objeto solo es *posible con base en* el sujeto. ¿*En qué medida* hay aquí diversas «posibilidades» y posibilitamientos, y en qué guardan conexión? ¿Cómo todo eso ya se vuelve oscuro y confuso en cuanto tal a causa de la *relación sujeto-objeto* (lo que, por ejemplo, Schopenhauer admite con una claridad meridiana)? ¿Cómo surge de aquí la *experiencia conductora*? ¿*A través de qué* hay que conducir originalmente? (¿Y qué es la experiencia conductora? La necesidad de fundamento.)

26.

Pregunta conductora y planteamiento de un ente determinante y normativo.
El tránsito determinante y normativo.
Cfr. en Nietzsche: el arte

¿En qué medida es necesario este planteamiento? ¿Y por qué? Como norma y criterio:
1) Para valorar lo ente según *niveles* y grados. ¿Qué es *«más ente»*?
2) Para alcanzar una prioridad en el *acceso* a lo ente en su conjunto: pregunta por la «certeza», *ser conocido*, estar familiarizado.
3) [Para ver] el acoplamiento de ambos puntos.
El ser-ahí no se toma en ninguno de estos sentidos, sino como (sitio) de la experiencia fundamental del *ser*.

II. La pregunta conductora...

C.

LAS PREGUNTAS PRINCIPALES

La pregunta *preliminar* ¿qué es la verdad? Cfr. ἀλήθεια[12]
La pregunta *conductora* ¿qué es lo ente?
La pregunta *fundamental* ¿qué es el ser?
Sobre el origen de la *diferenciación* entre el ser como diferencia y lo ente,
Cfr. el manuscrito «Diferenciación»[13]
        la brecha y el giro ↔ acontecimiento de hacer apropiado

27.

LAS PREGUNTAS PRINCIPALES

La *pregunta conductora* [dice]: ¿qué es lo ente? (cfr. su entramado), ¿qué constitución tiene?, ¿de qué modo es? Igual que la «pregunta conductora», la designación *en cuanto tal* es ya una interpretación del τί τὸ ὄν mediante la inclusión en la pregunta fundamental.

    La *pregunta preliminar*: acerca del campar la verdad en cuanto tal.

---

12 Cfr. en este volumen, n.º 45, «ἀλήθεια».
13 Cfr. en este volumen, n.º 6, «El entramado desarrollado de la pregunta conductora».

27. Las preguntas principales

La *pregunta fundamental*: la verdad del campar del ser (campar del ser ≠ modo de lo ente –desde la pregunta conductora–). (Sobre la pregunta por el porqué, cfr. semestre de verano de 1935.)[14]

La *contrapregunta*: origen del campar y el giro.

Origen del preguntar: ser-ahí – acontecimiento de hacer apropiado.

Esta manera de presentar las «preguntas principales», esta compilación y designación son ya escolares y, en primer plano, doctrinarias. En todo pensar esencial hay que separar:
1) la designación en primer plano escolar e historiográfica de las preguntas;
2) las configuraciones y los cursos determinantes y auténticos de ellas –desde el terreno de juego que se ha obtenido solo gracias a las preguntas–. Solo desde aquí se pueden calibrar luego también las posiciones fundamentales reales. Ni siquiera la designación como «posición fundamental» está pensada puramente desde 2).

La pregunta fundamental por el fundamento desde su abismo es el proyecto *supremo* del ser como acontecimiento de hacer apropiado. ¿Por qué el abismo? Porque el ser-ahí es finitud.

La pregunta por el ser como pregunta fundamental es la pregunta por el fundamento del ser, por el dónde del tiempo, del tiempo-espacio, del ahí, del acontecimiento de hacer apropiado. Este dónde es el *adónde al cual pertenecemos*.

La pregunta fundamental no es *transcendental* (cfr. existencia y «transcendencia»), nunca pregunta por el posibilitamiento como la mera condición, sino a la inversa: pregunta lo *más ente*, pero en un sentido esencial y único, tal como ningún otro ente es, y tam-

---

14 Martin Heidegger, *Einführung in die Metaphysik. Freiburger Vorlesung Sommersemester 1935*. GA 40, editado por Petra Jaeger, Frankfurt del Meno, Vittorio Klostermann, 1983, § 5.

II. La pregunta conductora...

poco, justamente, el [ente en su] conjunto: el acontecimiento de hacer apropiado. Pero esto que es [en este sentido] lo más ente, es lo más finito, lo más único, lo más abisal, lo más abierto, ϝεστία. *Las preguntas principales* preguntan por la unidad y por los conjuntos del ser. Pero [en cuanto a] lo ente en su conjunto: ¿cómo llegamos a este «en su conjunto»? ¿Sabemos de ello, o es solo un trazado arbitrario del borde de algo no sabido? ¿O es solo una pregunta, de modo que se pregunta conjuntamente justo por este conjunto mismo, no solo en cuanto a *qué* es, sino en cuanto a *si en general es*, a si el ser no es agrietamiento y abismo?

Otra cosa es la pregunta por la «unidad», que desde antiguo forma parte del «ser». ¿De dónde procede este parentesco? El «ser» es ahí la *comparecencia*, la unión, la congregación: ¿frente a qué? Frente a la inconsistencia y la desintegración. La *unidad* viene de la *unicidad* del ser como acontecimiento de hacer apropiado.

28.

La unidad de las tres preguntas principales como introducirse en la intervención del juego

En primer lugar, hemos de diferenciar nítidamente las tres preguntas principales contrastándolas, indicando con ello al mismo tiempo una pertenencia original de ellas; y mostrar esta pertenencia como indicación en un acto de buscar dentro de y desde el abandono (necesidad de la falta de necesidad; olvido del ser). Acontecimiento de hacer apropiado. (Huir, hacer señas, llegar, quedar ausente.) Cfr. el manuscrito «Acontecimiento de hacer apropiado» en una visión a fondo.[15] La *unidad* del buscar como pergeñar el ser en cuanto tal. Así como desde un planteamiento

---

15   No ha podido averiguarse a qué texto alude esta referencia.

28. La unidad de las tres preguntas principales...

externo, gracias a su modo de componer, de tener y de diferenciar, se va más allá de lo anterior, de igual modo, el cauce y la actitud del salto al pergeñamiento del ser hay que obtenerlos desde una transformación interior de ese planteamiento.

Las tres preguntas principales: hemos de pensar su *orden interno*, y qué significa en relación con tales preguntas que este orden no sea supratemporal, sino que en cada caso se va amoldando históricamente con las preguntas. La secuencia de las preguntas en su cohesión específica no es necesariamente la secuencia de su exposición y su tratamiento. Hasta ahora no se han preguntado en absoluto *en cuanto tales*, es decir, que gracias su unidad no se ha logrado algo original: *el* origen. Si la «verdad» como pregunta preliminar se retoma en la pregunta fundamental, entonces nos saltamos la pregunta conductora, que pasa a ser pregunta posterior. La verdad misma se toma entonces aún *como el carácter fundamental del ser*, y este como acontecimiento de hacer apropiado.

En un primer momento, las tres preguntas principales no son más que una menesterosa seriación de preguntas máximamente generales y vacías, sin un punto seguro de apoyo ni un fundamento experimentado. En todo caso, han sido extraídas de una elaboración de la historia, habiéndoselas privado así de su último punto de apoyo. Con la menesterosidad de su contenido se corresponde la carencia de fuerza vinculante. Cómo lo futuro habría de ser capaz de fundamentarlas es algo oscuro.

Se necesita un largo camino para salir de este paisaje de desolación de las preguntas. Pero esta desolación no es el modo mismo de las preguntas, sino el modo de la impotencia actual de experimentar y aprehender lo cuestionable. Por eso, la superación de la desolación pasa a ser una transformación de lo actual en el filo de la necesidad de estar expuestos al juego del ser.

Las tres preguntas principales tienen su unidad en la pertenencia triplemente recíproca, que es forzada por el *giro* en el acontecimiento de hacer apropiado. El carácter de verdad del ser

II. La pregunta conductora...

obliga a la pregunta preliminar y pone al ser en dependencia de lo ente. ¿Qué sería el *sitio abierto* sin *este*, que ciertamente se manifiesta solo por medio de aquel? Pero el ser funda el fundamento en el acontecimiento de hacer apropiado, haciendo por vez primera que la *verdad* se haga necesaria.

La unidad de las preguntas principales no es una unidad «metódica», no está tomada mediante algún «arreglo» de su comunicación y de la secuencia de su tratamiento, sino que con un «arreglo» y una secuencia tales solo queda velada. La «unidad» solo se puede hacer activa en una emisión múltiple del ser.

29.

Las preguntas principales
(su momento histórico: el tránsito del primer comienzo al segundo)

El ser (del acontecimiento de hacer apropiado)	como fundamento, abismo, agrietamiento	pregunta fundamental
	como verdad	pregunta preliminar
	como esencia de lo ente	pregunta conductora

La «esencia» se modifica con el «ser» y la verdad mismos. Cfr. la *Disposición* de las *Contribuciones*:[16] desde el momento del tránsito del primer comienzo al segundo, ¿dónde y cómo puede hacerse visible la unidad original de la esencia del ser (acontecimiento de hacer apropiado: el conjunto)?

Experiencia fundamental. Aquí ya no puede tratarse de buscar un ejemplo arbitrario, sino solo de la unicidad de nuestra

---

16 Martin Heidegger, *Beiträge zur Philosophie*, GA 65.

propia historia. Aquí está el auténtico *lugar metafísico* para la obra de Hölderlin y para su conservación: no cualquier otro «interés», sino este interés *único de la fundación del ser-ahí*. El «tránsito» como la *necesidad extrema*.

30.

LAS PREGUNTAS PRINCIPALES Y EL SER-AHÍ

La figura interna de las preguntas principales tiene que esbozar en sí lo futuro, el ser-ahí en su trazado fundamental. El decir inquiriente es inauguración y al mismo tiempo escondimiento del ahí: mundo, tierra, litigio, acontecimiento de hacer apropiado. Todo esto tiene que llegar a evidenciarse en el entramado esencial, estando sin embargo totalmente en devenir.

El *desarrollo original de las preguntas conductoras* como fundación del ser-ahí tiene que llevar a experimentar primero el olvido del ser en cuanto tal. Hasta dónde alcanza la emisión del ser con el pensamiento es una cuestión *posterior*, y es prematura mientras no se haya *realizado* ni intentado. El empuje es *la necesidad de la falta de necesidad. El* peligro es el «pueblo» en su equivocidad, en la diversidad de sus significados. Solo lo que es esencial al mismo tiempo en *una cosa* —y nunca lo indiferente— *puede* y tiene que ser peligro.

Pueblo como raza
      como provecho común
      como «conjunto»: todos
      como los inferiores
      como nación.

31.

LA EXPERIENCIA FUNDAMENTAL (EL OLVIDO DEL SER) ES MÁS ORIGINAL QUE LA EXPERIENCIA DEL NIHILISMO

Pues justamente el «Dios está muerto» no penetra; que esto esté ya velado, que por todos los medios se dé marcha atrás a este acontecimiento, que esto sea posible, tiene su fundamento más íntimo en el *olvido del ser* y en la *destrucción de la verdad*. De ahí la arbitrariedad del opinar, la ignorancia y la despreocupación de que aquí, en lo original, todo esté pendiente de ser decidido, de que *aquí* esté el sitio de la lucha y de la preparación; de que haya que crear para ello los cauces esenciales (arte); de que solo aquí tenga que suceder el empuje principal, el riesgo principal (acontecimiento de hacer apropiado) como el empuje hacia el ser-ahí. La nueva merced del *concepto*: la mediatez de proyectar con el pensamiento.

32.

LAS TRES PREGUNTAS PRINCIPALES

¿Qué sistemática hay en el planteamiento de *estas* preguntas? No han sido simplemente recogidas, sino que están planteadas. ¿En qué medida son *históricas*, habiendo sido ya, y futuras? La *sistemática* hay que tomarla desde el sistema, es decir, desde la *esencia* del ser mismo: ¿*qué esencia*, qué pensamiento y qué decir exige? ¿Cómo este emite *por sí mismo y por vez primera* el ser, y no se limita solo a representarlo, copiando un orden *en sí mismo*?

33. Las preguntas principales

¿De qué modo la pregunta conductora (qué es lo ente) contiene en sí la pregunta preliminar y la pregunta fundamental? ¿Y no se puede aplicar esto a cada una de las tres preguntas, solo que en un sentido diverso? ¿Y en qué consiste el campo de acción de su pertenencia, qué tipo de campo es ese? Lo *abisal*. ¿En qué medida para el *ser-ahí*?

33.

LAS PREGUNTAS PRINCIPALES

Las preguntas principales: ¿por qué han estado hasta ahora entrelazadas? Porque la pregunta fundamental no fue planteada, sino que quedó implanteada, y por eso fue administrada conjuntamente bajo la figura de las otras dos. Ser y... Porque quedó entrelazada, por eso se la malinterpretó. La *pregunta preliminar*, siendo la primera, fue la gnoseológica y la metódica. La *pregunta conductora* misma fue la óntica: Deus creator, ἰδέα. La pregunta fundamental, en la medida en que es la primera que aparece (*Ser y tiempo*), resulta malinterpretada («sentido» del ser) como si fuera una pregunta *metódica*, en lugar de tomarla como la pregunta *fundante* y abisal.

D.

LA EXPERIENCIA FUNDAMENTAL COMO LA EXPERIENCIA DE LA VERDAD FUNDAMENTAL. EL SALTO AL SITIO ABIERTO

34.

[LA EXPERIENCIA FUNDAMENTAL]

Cfr. la nueva experiencia fundamental: los modos del ser (lo experienciado). La existencia: lo que fue fundado siendo experienciado, es decir, el *riesgo*.

El experienciar: 1) ser afectado   padecer
                  2) salir al *riesgo*   el entre.
¡Experiencias fundamentales!

35.

LA EXPERIENCIA DEL FUNDAMENTO

La experiencia del fundamento tiene que brotar del riesgo, proceder de la necesidad y permanecer entroncada en ella, hasta tal punto que ella misma fuerce por vez primera a la necesidad. La experiencia fundamental es *en absoluto* una tal «solo» para momentos históricos respectivos que ella misma determina y hace verdaderos. La *necesidad de la falta de necesidad*: todo es conocido y accesible y está respondido –y es realizable y proporcionable–:

35. La experiencia del fundamento

el «¡hagámoslo!» (cfr. hoy). Así que, primero, hay que volver a tomar la *verdad* en cuanto tal como pregunta.

¿Cuál es más original, la experiencia fundamental de la verdad o la del ser como diferencia? ¡Ambas se corresponden y se pertenecen mutuamente! ¿Por qué? *De la experiencia fundamental viene el procedimiento, y del procedimiento viene el preguntar.* Pero ¿qué significa aquí experiencia, riesgo, peligro?

Hacer el recorrido: *hacer la experiencia*, llegar a ver que en realidad sucede de otro modo a como aparentaba que nosotros procedíamos con algo. Hacer el recorrido como una tentación que da un resultado. Así es el intento del fundamento. *Riesgo fundamental*: el salto al sitio abierto (como peligro de todos los peligros). Experiencia fundamental y principio fundamental.

La experiencia fundamental como salto al sitio abierto es el intento del fundamento. Este *intentar* es el buscar original, y única y exclusivamente de ahí viene el preguntar. El *intento del fundamento*: ser-ahí sin la diferencia del ser *(no solo sin comprensión del ser)*. Cfr. semestre de verano de 1935.[17]

Esta tentación sugiere algo: la completa destrucción. ¿No funciona? ¿Qué no funciona? El intento fracasa. ¿Por qué? Es decir, ¿en qué ha fracasado y por qué? No porque haya surgido una contradicción. ¿Qué pinta aquí una «contradicción»? Pero ¿no es una contradicción pretender ser-ahí sin la diferencia del ser? Ciertamente, eso cabe concebirlo y enunciarlo como contradicción, pero no es por eso por lo que fracasa el intento, sino *por esto*: porque nosotros estamos ya en el sitio abierto pero *no* saltamos dentro de él en cuanto tal, sino que lo ocultamos y nos atenemos a otras cosas (cfr. la pregunta: ¿por qué existe en general lo ente y no más bien la nada?).

¿Por qué la experiencia fundamental? Por la necesidad suprema: la falta de necesidad, y no por establecer bien (matemá-

---

17 Martin Heidegger, *Einführung in die Metaphysik*, GA 40.

II. La pregunta conductora...

ticamente) un sistema matemático. No para asegurar la certeza «absoluta». No para asegurar, sino para destruir la seguridad. Pero esto no solo metódicamente en apariencia, ni solo *metódicamente* en sentido matemático, sino *realmente*, es decir, poner en lo abierto, intentarlo con la diferencia del ser, con el litigio del no-ocultamiento y el encubrimiento, del desencubrimiento y el esconder. Menos aún una «teoría del conocimiento» (investigar la herramienta). ¿Qué pinta una herramienta sin el *taller*, ese sitio del obrar todo *saber* como una *estancia en la diferencia del ser*? «El salto» como el surgir la estancia en el «lugar» (el salto primordial = el origen). En calidad de *este salto*, la experiencia fundamental es el *instar* a estar en el *ser-ahí*. La «fundación» inaugurante del *ser*-ahí.

36.

LA VERDAD DEL FUNDAMENTO:
EXPERIENCIA FUNDAMENTAL
DE LA VERDAD

¿Qué es aquella «apertura» que se anuncia a sí misma? ¿Es decir, la experiencia fundamental del *sitio abierto*? ¿Cómo puede realizarse y exponerse una experiencia fundamental? ¿Cómo puede *comunicarse*? Simplemente, mediante el *procedimiento*. Pero ¿cómo se acredita *como* experiencia fundamental? ¿Qué es en general una experiencia fundamental? ¿La experiencia de en qué consiste algo en su fundamento? Bien, pero ¿qué es el «fundamento», y cómo es, por ejemplo, el fundamento del *ser-ahí*? Aquí, la experiencia como experiencia fundamental ya es, pese a todo, una norma previa a la que hay que atenerse. Y, sin embargo, hay que eliminarla. ¿De qué modo? ¿No depende todo de esa *norma previa a la que hay que atenerse*?

36. La verdad del fundamento...

En relación con la «verdad»: es ἀλήθεια, no-ocultamiento.
Encubrimiento y desencubrimiento.
Lo abierto en lo cerrado.
Los sitios abiertos en lo ente.

¿Es la experiencia fundamental de la verdad *la* experiencia fundamental por antonomasia porque busca el fundamento en cuanto tal porque es el experienciar original para toda experiencia del fundamento desde el riesgo, desde la necesidad de la falta de necesidad? Haber hecho la experiencia y riesgo.

III.

LA MEDITACIÓN SOBRE LA PREGUNTA CONDUCTORA Y SU SUPERACIÓN

La superación solo es posible y creativa cuando se realiza desde su propio fundamento inicial y, por tanto, oculto: como salto.

37.

PREGUNTAS EN RELACIÓN CON EL TRATAMIENTO DE LA PREGUNTA CONDUCTORA (METAFÍSICA) Y *SER Y TIEMPO*

Preguntas (no problemas que se limitan a reformular lo anterior cambiándole el nombre, sino preguntas que transforman al inquiriente) en relación con el tratamiento de la pregunta conductora (metafísica) y *Ser y tiempo*:

1) ¿Qué relación mutua guardan el tratamiento moderno de la pregunta conductora y el planteamiento de *Ser y tiempo*, en cuanto que en ambos casos el *hombre* está privilegiado en relación con la pregunta por el ser?

2) ¿Qué posición ocupa la *pregunta por la verdad* en la historia del tratamiento de la pregunta conductora: ἀλήθεια – ὁμοίωσις – adaequatio – certitudo – saber absoluto – idea absoluta – apariencia necesaria (Nietzsche)? ¿Y qué posición tiene en *Ser y tiempo*?

3) ¿En qué consiste la superación interna del planteamiento de la pregunta conductora, por tanto, de todo tratamiento de la pregunta conductora, y por consiguiente de la *«metafísica»*? (El *tránsito*: el salto a la verdad de la diferencia del ser.) (La referencia constante entre entidad y generalidad y el ente supremo en sus diversas figuras.)

Sobre 1. La pregunta conductora y el modo y el sentido de la prioridad del hombre en la metafísica moderna.

a) Para la pregunta conductora, el hombre (una vez que de todos modos en el cristianismo se ha decidido ya su esencia) pasa a ser lo cada vez más incuestionado y, por tanto, el *lugar en* el que la entidad de lo ente se experimenta por vez primera y de mane-

III. La meditación sobre la pregunta conductora...

ra determinante. Es más, no solo el lugar en general, sino el lugar que es él mismo este ente determinante, si bien no lo supremo. Ens certum (cfr. Leibniz).

b) Aquí se presupone en general qué es el hombre. Al fin y al cabo, se trata solo de la determinación más precisa de la *ratio* (pensamiento) del animal rationale. En la modernidad, ciertamente, esta determinación más precisa desplaza al hombre situándolo en aquella posición *privilegiada*: formación del hilo conductor.

Frente a esto, en *Ser y tiempo*:

c) se pregunta justamente *quién* es el hombre, pero no en un sentido antropológico, es decir, dentro de la metafísica ya dada, sino:

d) desde la pregunta más original por el ser como la pregunta por la verdad de la diferencia misma del ser.

e) Este preguntar por el hombre porque pregunta desde la verdad del ser se remonta preguntando hasta detrás del hombre, hasta algo totalmente distinto *(ser-ahí)*, y de esta manera pregunta, en todo aspecto, *alejándose del hombre* hacia aquello que lo hace posible por vez primera como el guardián de la verdad de lo ente (temporalidad y su *temporeidad* como indicación del carácter de ahí del ahí).

Dicho brevemente: se pregunta *por* el hombre, y pese a todo, justamente por ello, se pregunta remontándose hasta detrás de él porque el preguntar y el ámbito de la pregunta son de entrada más originales, es decir, más iniciales, y el ámbito de la pregunta es el más amplio: la verdad de la diferencia misma del ser. Si se piensa desde la metafísica, como hace la modernidad, entonces todo se tuerce y se convierte en su opuesto. Por eso, el intento del *libro sobre Kant*,[18] a pesar de la dirección opuesta de la pregunta, es

---

18 Martin Heidegger, *Kant und das Problem der Metaphysik*, GA 3, editado por F.-W. von Herrmann, Frankfurt del Meno, Vittorio Klostermann, 1991.

37. Preguntas en relación con el tratamiento...

muy engañoso, pero eso significa que *toda* aclaración desde la historia de la metafísica seguirá siendo engañosa.

Sobre 2. a) *Los polos más extremos de la determinación de la verdad en la historia de la metafísica.*

a) *En el comienzo, la* ἀλήθεια es el carácter fundamental de lo ente mismo, la entidad.

Al final, la voluntad: Nietzsche considera también el «ser» (cfr. Schelling) lo permanente, pero en un sentido inverso, como una apariencia necesaria: lo que afianza de lo representado en cuanto tal.

b) En medio, la larga historia de la verdad como *rectitud*, y en esta, la fijación del *estar representado* lo ente, ἰδέα. La entidad de lo ente es su estar representado, donde lo ente pasa a ser *objeto* en el sentido del absoluto estar representado del representarse, lo más ente de lo ente. Por todas partes, y también aquí, la verdad se ha transformado en un *carácter de lo ente*, de su existencia, y concretamente en su conjunto, en cuanto a la entidad.

En *Ser y tiempo*:

c) La *verdad*, en cierto sentido, le ha sido sustraída a lo ente, y campa en sí misma, indicando en su propio fundamento (ser-ahí);

d) ella misma es primero y *más originalmente* como *verdad de la diferencia del ser*, indicando, por tanto, una pertenencia esencial a la *diferencia del ser* en el sentido del acontecimiento de hacer apropiado. El ser, como acontecimiento, hace apropiado al *ser*-ahí.

e) La verdad no es primeramente la custodia del estar representado *por* el hombre, sino el posibilitamiento del hombre como el vigilante de la diferencia del ser.

Sobre 3)

a) Lo ente ya no es lo primero, ni la entidad es necesariamente algo añadido con posterioridad en su sucesión (un *a priori* para

III. La meditación sobre la pregunta conductora...

el que luego ineludiblemente tiene que buscarse y asegurarse lo siguiente en el *ego*), de modo que solo ahora la entidad pasa a ser lo que hay que pensar por anticipado, y no ya lo que queda por pensar en la medida en que lo ente debe ser *objeto*.

b) Lo primero es el ser como diferencia, y la verdad de la diferencia del ser, y la fundación de esta verdad y, por tanto, primero, la del hombre. El preguntar la pregunta conductora se vuelve esencialmente más original:

α) en cuanto pregunta *más allá*, por la entidad en cuanto tal y por su verdad;

β) en cuanto pregunta remontándose *más hacia atrás*, hasta detrás del hombre, por el fundamento de la verdad.

c) Lo que en el comienzo quedó necesariamente sin ser preguntado, y de esta forma reservado, ahora pasa a ser lo propiamente preguntado y lo primero, y todo tipo de *metafísica* pierde su sentido porque la entidad no se toma ahora como μετά, sino que el *ser como diferencia* se toma como el *más acá* de todo ente, pero justo *no* como lo «subjetivo» de un *ego* que supuestamente se conoce mejor.

d) Por eso, esta superación interna aparece como una desarrollo interno, no como una mera eliminación (desde fuera), sino como el despliegue creativo de un conocimiento esencial de la diferencia misma del ser, un conocimiento que la metafísica no puede experimentar ni decir: la *diferencia del ser como sustracción*.

El abandono del ser de lo ente no es ninguna casualidad, pero tampoco es el final, sino que es, a modo de una transición, el «crepúsculo matinal» del nuevo día de la diferencia misma del ser.

e) Solo ahora se ha hecho posible la *meditación* sobre una relación fundamental que recorre toda la metafísica, pero que jamás fue aclarada ni fundamentada, entre la entidad en general (πρώτη φιλοσοφία) y el ente supremo (θεολογική).

37. *Preguntas en relación con el tratamiento...*

ἀλήθεια — φύσις
ἰδέα — ἐπέκεινα
πρώτη φιλοσοφία — θεολογική
ὂν ᾖ ὄν — θεῖον
ens commune — summum ens
ens certum — ens realissimum
monas — Deus

¿De dónde viene este giro? ¿De no haber dominado la verdad de la diferencia del ser? En el otro comienzo, el ser como diferencia es lo más ente, pero al mismo tiempo lo más finito, lo más abisal, el acontecimiento de hacer apropiado.

entendimiento — postulados de la razón
saber absoluto — realidad absoluta
filosofía moderna — filosofía positivista

En el idealismo absoluto se produce *cierta superación* de la diferenciación, y en concreto porque la entidad se pone como *objetualidad* absoluta del saber absoluto, y este como lo más ente *mismo*. ¡Superación de una eliminación! Cfr. Hegel.

f) La pregunta ¿qué es metafísica? es la pregunta por su superación, y por eso es equívoca, en la medida en que *eso que supera* (la pregunta por el ser mismo y su verdad, a la que pertenece el temple fundamental, y este de manera en cada caso diferente) gusta de reivindicarse como lo propio del superar, es decir, aquí, como metafísica; como una metafísica que ya no puede ser tal y que concibe lo sido solo desde su fundamento.

g) De esta forma, el tránsito exige la fuerza suprema de la separación y la resolución, y es justamente *menos que nada un equilibrio y una mediación*.

h) La metafísica occidental, tan pronto como deja de pensar el comienzo dentro de la onto-logía y de la teo-logía, pasa a ser, en una unidad no controlada, *onto-teología*, en la que el λόγος del ὄν como pensar se modifica como el Theos summum ens de este logos. ¿En qué medida esta sistemática no controlada está

III. La meditación sobre la pregunta conductora...

fundada en la esencia de la diferencia del ser? (¿que la diferencia misma del ser es, como acontecimiento de hacer apropiado, el silencio del paso del dios?)

38.

Aseguramiento del hilo conductor y formación de horizonte, y su conversión en el auténtico ente

¿Por qué el desarrollo de la formación de horizonte (del hilo conductor de la pregunta conductora) tiene que conducir en Hegel a la idea absoluta, y en Nietzsche a la verdad como la apariencia necesaria, acreditando así aún la procedencia desde la referencia a la ἀλήθεια de la φύσις, y testimoniando tácitamente el horizonte como el presente que está presente a sí mismo?

¿Cómo se puede concebir solo desde ahí la función del ἕν, de la identidad y unidad y del sistema?

39.

La esencia del hilo conductor y la ἀλήθεια infundada

El *pensamiento y su rectitud* se afianzan en sí mismos, y con sus medios propios se elevan constituyéndose en lo incondicional, haciéndose así no necesitados de fundamentación. El hilo conductor no es un medio de seducción, sino lo más ente de entre lo ente mismo. Cfr. la *idea absoluta* en Hegel.

Con ello se ha decidido el destino de la ἀλήθεια de seguir siendo lo *no cuestionado* en toda la historia de la metafísica. Nietzsche es solo una apostasía.

40.

LA IDENTIDAD. ENTIDAD Y PENSAR

Solo se la puede concebir «metafísicamente», es decir, como la determinación fundamental de lo ente, si a la pregunta conductora y su formación de horizonte se las ha comprendido como el pensar y como «yo pienso». νοεῖν sobre la ἀλήθεια – οὐσία; *yo pienso* sobre la *objetualidad* para el «yo».

Y esto a su vez solo es posible si la determinación inicial del ὄν (ἕν) como φύσις – ἀλήθεια – λόγος – νοῦς *está* entendida originalmente como fundada en la *constancia* y *comparecencia* de lo no oculto que se asoma. Y solo desde ahí se puede calibrar la apostasía de la *identidad* en lo «lógico» (verdad como rectitud).

En *este* contexto tiene su sitio la pregunta por el significado metafísico del *principio de contradicción*. Hasta ahora, la «identidad» había seguido siendo una víctima de la interpretación «lógica» y categorial, en lugar de ver el carácter de tiempo y de espacio y de plantear la pregunta por su verdad propia.

41.

LA IDENTIDAD (AL MARGEN DEL INICIAL ἕν DE LOS GRIEGOS)

1) *La identidad*, vista en lo dado, en lo presente:
   a) como mera mismidad de algo consigo mismo. A es A, o todavía más externamente:
   b) la correspondencia y pertenencia mutua del predicado con el sujeto. *A* es *b*. De este modo, la *identidad* es «lógica»: lo pensado en el pensar, en el juzgar, en el poner inmediatos de algo.

III. La meditación sobre la pregunta conductora...

2) La *identidad*, por consiguiente, como *entitas* del *est* y del ens; y *en cuanto tal*, como sabida de antemano, siendo, por tanto, el fundamento de lo ente en cuanto tal.

3) La *identidad acreditándose* en lo «idéntico» que se concibe a sí mismo en el ego – moi – «yo».

4) La *identidad* como esencia de la *yoidad misma* y, por tanto (en sentido cartesiano), la *identidad* más conocida y *más original*. El A que se sabe a sí mismo y que es *sapiente*, y el «yo».

5) Pero esta identidad se concibe al mismo tiempo en sentido *transcendental* (kantiano), y no es solo la identidad *original*, el pertenecerse a sí mismo sabiéndose, sino la identidad *incondicional*, es decir, la que lo condiciona todo.

6) Esta identidad original e incondicional vuelve a incrementarse esencialmente, o bien fue establecida previamente, como la identidad que funda *todo* lo ente en su conjunto y en cuanto tal: la *identidad absoluta*.

7) La identidad absoluta es ella misma *el fundamento* del saber y de lo ente y de su correspondencia y pertenencia mutua. La identidad de lo idéntico y lo no idéntico.

Por tanto, hay que diferenciar: la *identidad* inmediata
fundamental
original
incondicional
absoluta

En cada caso, una transformación que supera y asume desde lo siguiente, y lo siguiente solo se puede alcanzar en cada caso en un *salto* hasta detrás de lo anterior.

42.

LAS POSICIONES METAFÍSICAS FUNDAMENTALES

Surgen del atenerse al *pensar* como el hilo conductor de la interpretación de lo ente en cuanto tal, de modo que este hilo conductor mismo se aduce simplemente *como* el fundamento para la posición del preguntar, pero sin estar fundamentado ni menos aún cuestionado específicamente *en cuanto tal fundamento*.

Eso no excluye, sino que incluye, que *esta* posición fundamental del preguntar por lo ente, que solo puede llamarse «metafísica», a lo largo de su historia asume en su meditación al pensar mismo, y justamente a él, desarrollándolo hasta lo más extremo de sus posibilidades como hilo conductor (para dar un horizonte).

Las posiciones metafísicas fundamentales son aquellas posiciones del preguntar que mantienen fija la metafísica llevándola a su final propio.

43.

SUPERACIÓN DE LA PREGUNTA CONDUCTORA.
EL PENSAR COMO EL HILO CONDUCTOR
DE LA INTERPRETACIÓN DE LO ENTE EN CUANTO TAL,
Y *SER Y TIEMPO*

Esto es lo que significa en el fondo el presente que está presente a sí mismo: un «tiempo» privilegiado es el campo de visión dentro del cual se realiza la interpretación de lo ente. [La pregunta por] *la entidad y el pensar* (la metafísica) exige por sí misma el tránsito

III. La meditación sobre la pregunta conductora...

a la [pregunta] más original por *ser y tiempo*. Pero esta, a su vez, solo es el tránsito al comienzo totalmente distinto de la filosofía, que ya no puede llegar a ser metafísica porque ahora se pregunta desde la verdad del ser, y ya no desde lo ente en su verdad.

En modo alguno basta con saber que no podemos regresar (por el vulgar motivo de que no se puede invertir el curso de la historia). Más bien, lo que importa es saber adónde tenemos que ir por anticipado y hacia delante. Y esto significa, en primer lugar, en qué dirección hay que realizar el tránsito, que solo puede ser un salto.

Justamente porque no podemos volver atrás, tenemos que meditar sobre el comienzo para intuir desde lejos lo completamente distinto del otro comienzo, y tenemos que invertir toda la seriedad del preguntar y del trabajo más sobrio para despertar y fundar y desarrollar esta intuición.

Lo que importa es saber que, en el primer comienzo –de la φύσις, ἀλήθεια–, la verdad del ser está predeterminada como «tiempo», aunque el «tiempo» solo representa la *primera comprensión y el primer acuerdo* sobre esta verdad, pero no ella misma, sino un «de camino» a ella.

Mientras a esta –lo cual sigue siendo necesario para la primera comprensión y el primer acuerdo– se la pone en la fórmula de entidad y pensar, se la sigue pensando totalmente desde el campo de visión de la historia de la metafísica en atención a lo que en esta historia misma viene a la luz.

Pero si esta fórmula se piensa desde el otro comienzo de la filosofía (desde la pregunta fundamental), entonces en ella subyace una relación más esencial que, concebida a su vez en una fórmula, se llama *maquinación y vivencia*, pero que aquí tiene que quedar totalmente fuera de la meditación (cfr. *Contribuciones*, «Resonancia y cesión»).[19]

---

19 Martin Heidegger, *Beiträge zur Philosophie*, GA 65, «*Der Anklang*», pp. 107-166, y «*Das Zuspiel*», pp. 169-224.

IV.

SOBRE LA POSICIÓN METAFÍSICA FUNDAMENTAL DE PLATÓN

Cfr. *El sofista*, lecciones de 1924-1925;[20] interpretación de Platón 1931-1932;[21] ejercicio del semestre de verano de 1937 sobre «Idealismo y platonismo».[22] Cfr. Reflexiones V, pp. 82 ss.[23]

---

20 Martin Heidegger, *Platon: Sophistes. Marburger Vorlesung Wintersemester 1924/25*. GA 19, editado por Ingeborg Schüßler, Frankfurt del Meno, Vittorio Klostermann, 1992.
21 Ídem, *Vom Wesen der Wahrheit. Zu Platons Höhlengleichnis und Theätet. Freiburger Vorlesung Wintersemester 1931/32*. GA 34, editado por Hermann Mörchen, Frankfurt del Meno, Vittorio Klostermann, 1988, ²1997.
22 Ídem, *Nietzsches metaphysische Grundstellung (Sein und Schein)*, en GA 87, pp. 147 ss. y 161-167.
23 Previsto para su publicación en *Überlegungen II-VI*, GA 94.

44.

SOBRE LA POSICIÓN METAFÍSICA FUNDAMENTAL DE PLATÓN[24]

I. Preguntas de la aclaración al informe de Bröcker.[25]

II. *La tarea* es una meditación histórica sobre la posición metafísica fundamental. Meditar sobre lo que, en el comienzo, era el futuro de la metafísica y, por tanto, su final. ¿Por qué la filosofía occidental hubo de hacerse «metafísica»? Cfr. [Manuscrito] 1 a.[26]
1) φύσις como «lo ente», ὄν; cfr. *Sobre el acontecimiento*, «Cesión sobre φύσις».[27] φύσις = lo que brota en su brotar; en ello:
  a) llegando a ser *desde sí*, es decir, constar en sí mismo, *consistencia* y retorno a sí: escondimiento.
  b) abrirse: ἀλήθεια
  c) mostrarse, manifestarse: ἰδέα (εἶδος – πέρας – μορφή)
  d) comparecencia: παρουσία (entidad: οὐσία = comparecencia constante).

a)-d) incluyendo a b) y c): ἀλήθεια – ἰδέα

Hay que meditar sobre cómo la φύσις sigue resonando en el discurso sobre la «naturaleza» de las cosas. Esta concepción no obe-

---

24 A partir de aquí examinar la interpretación de *El sofista* de 1924-1925 [= Heidegger, *Sophistes*, GA 19]; cfr. la interpretación de arriba en relación con la verdad en las lecciones de 1931-1932 [= Heidegger, *Vom Wesen der Wahrheit*, GA 34].
25 Cfr. en el apéndice: Walter Bröcker, «Ponencia».
26 [En este volumen, Nota complementaria 4.]
27 Martin Heidegger, *Beiträge zur Philosophie*, GA 65, «Das Zuspiel», n.° 97. La φύσις (τέχνη), pp. 190 ss.

IV. Sobre la posición metafísica fundamental de Platón

dece a que originalmente sea la esencia y luego sea, además, como «naturaleza», sino a la inversa, a que la naturaleza se ha hecho esencia. En el *concepto de naturaleza* de Aristóteles se encierra en germen el uso posterior del ὂν ᾗ ὄν como φύσις τις. Inicialmente, la φύσις no está definida ni se la puede fijar lexicológicamente, sino que es una *pregunta*. El empuje es aquí lo más cuestionable y poderoso.

2) Se pregunta sobre el τί τὸ ὄν y, por tanto, *más allá* de lo ente y *hacia* algo distinto como αἴτιον, y así se regresa al ὄν explicándolo: μετά – trans. Esta es la *pregunta conductora*.

III. ¿Qué se puede obtener de la exposición en relación con la *respuesta* de Platón a la pregunta conductora? En el «Informe» [de Walter Bröcker, cfr. «Anexo»] se exponen *dos* respuestas, distanciadas en el tiempo y diferentes en su contenido, pero que sin embargo se corresponden mutuamente.
 A. la respuesta en *República* VI.
 B. la respuesta en *El sofista*.
1) *Sobre A.* τὸ ὄν es ἰδέα, y en cuanto tal se refiere a la ψυχή. γνῶσις – ἀλήθεια

ἀγαθόν | δύναμις
(αἰτία) | κοινωνίας

Una aclaración y una corrección de la ponencia: ἀλήθεια queda totalmente al lado de la οὐσία, *no* como el entre y el yugo; cfr. más adelante (apartado V de este capítulo); puede comprobarse en la *República*, 508e ss.

Sobre B. τὸ ὄν *se encuadra* en las cinco μεγίστη γένη. La γένη es co-original, es decir, la entidad se determina a partir de esta correspondencia y pertenencia mutua y, por tanto, como ἕν. El yugo es aquí: τὸ ἕν; cfr. *Parménides* (δύναμις κοινόν): κοινωνίας en cuanto tal correspondencia y pertenencia mutua. Enlazamiento unificante y posibilitamiento: τὸ ἕν no es algo para sí y luego algo *además y por detrás de ello, a pesar del* δεμιουργός. Cfr. Aristóteles.

2) La relación de A y B. A queda recogido en B sobre un fundamento *más profundo* (κοινωνία: empuje).

a) en relación con *la referencia de* γνῶσις– ἀλήθεια; los miembros de la referencia se toman *«ontológicamente»* como κίνησις – στάσις (φύσις) (constancia – inconstancia), y en ello ὄν (*El sofista*, 248 ss.); se recoge la posición de *La república*. (Ciertamente en perjuicio de la ἀλήθεια en cuanto tal.)

b) el yugo mismo es la «causa de los miembros», ἀγαθόν como ἕν, pero este está en el *enlazamiento recíproco* y, por tanto, *más rico*, es decir:

c) para ello son esenciales ahora: ταυτόν – ἕτερον. ¿Qué significa esto? Una auténtica fundamentación del λόγος y la aparición de su prioridad como hilo conductor (junto con la incapacitación de la ἀλήθεια).

ταυτόν, τὰ μέν καθ' αὐτὰ λεγόμενα
ἕτερον τὰ δὲ πρὸς ἀλλά λεγόμενα   como
       πρὸς τι   algo ↔ algo

Lo ente en cuanto tal es *ello mismo* y *no ello mismo*, algo distinto: ser otro, no ser μὴ ὄν, pero este también como ὄν; y justamente así, solo desde la concepción más profunda del ὄν, el λόγος mismo (λόγος y ψυχή: diálogo del alma consigo misma) queda fundamentado como *ente*, y, por tanto, como ámbito de referencia para la entidad de lo ente.

El λόγος se desarrolla propiamente declarando algo en cuanto algo: «en cuanto», es decir, *no solo él mismo*. En el «en cuanto» reside el μὴ εἶναι. μὴ ὄν y su fundamentación son tan esenciales porque ahora, primero 1) el λόγος es posible como enunciado: relación *sujeto-predicado*, cfr. Aristóteles; 2) después, es posible como relación *sujeto-objeto*, yo – no-yo (yo soy la cosa).

IV. ¿Qué obtenemos de todo esto para la caracterización del *procedimiento* que sigue Platón para preguntar?

IV. Sobre la posición metafísica fundamental de Platón

En A obtenemos: γνῶσις – νοεῖν; ἰδέα *en cada caso para sí misma*. En B obtenemos: λόγος y su fundamentación, aunque no conseguida por completo. El inquiriente y el hilo conductor es el hombre. *¿Qué es eso,* νοεῖν, λόγος, *dentro del procedimiento?*

V. Platón ha procedido y ha respondido, pero este *preguntar mismo* queda fuera de cuestión. Se asoma y se *está* en ese preguntar, pero no se lo experimenta ni se lo desarrolla a él mismo como posición fundamental. Desarrollo de la pregunta conductora: ¿por qué se tiene que llegar a eso? No a causa de una «reflexión» acrecentada, sino a la inversa, justamente al hilo del original *preguntar del hilo conductor*. ¿Qué es lo ente? *La entidad* determina, y eso significa que es referencia a ψυχή, λόγος; *entidad y pensar*. Pero, pese a todo, ¿también incluso ἐπέκεινα τῆς οὐσίας?

¿Hay entonces un *«sentido de la entidad»? Justamente no.* ¿ἐπέκεινα (debe decir solo: ἀγαθόν no es nada presente, sino *posibilitamiento:* αἰτία) se toma como «transcendencia»? En «*La esencia del fundamento»*[28] esto se trata de forma *radicalizada*: histórica, pero no historiográficamente. Históricamente, es decir, considerando *lo que sucedió* de forma más original de lo que realmente fue (como aquello que en el comienzo era futuro). ἐπέκεινα, en realidad, se refiere solo al incremento del carácter de αἴτιον del ἀγαθόν. En un primer momento, el planteamiento es: ὄν (οὐσία), y esta como ἀλήθεια, y esta referida al νοεῖν, y este como ζυγόν, y este explicado mediante φῦς / ἥλιος.

«Luz»

Doble carácter de la luz: Irradiación Iluminación
                        y aclaración (cfr. abajo)
                        Vivificación
                        γνῶσις γιγνωσκόμενον

---

28 Martin Heidegger, *Wegmarken*, GA 9, editado por F.-W. von Herrmann, Frankfurt del Meno, Vittorio Klostermann, 1976, ²1996, pp. 123-175.

44. Sobre la posición metafísica fundamental de Platón

La ἀλήθεια no puede ser ζυγόν porque, al fin y al cabo, en primer lugar, siempre se nombra al lado de la οὐσία y solo *resplandece* como lo que está iluminado y como claridad. Tendría que acreditarse como lo «vivificante» para la γνῶσις; lo cual quizá es posible y necesario sobre una base totalmente distinta, en la cual, sin embargo, la «vida», es decir, la movilidad, es decir, el ser del conocer, tiene que determinarse previamente, y en concreto, justamente, desde la «verdad», a saber, como *ser-ahí*.

Platón, por el contrario, reivindica el doble carácter de la luz, y toma como causa suya el sol; es decir, ambos miembros son *heliomórficos*, *participan* del sol, ἡλιοειδές, y de este modo ambos miembros, νοῦς y οὐσία (ἀλήθεια), en cuanto ἀγαθοειδές, participan de la idea del bien.

Para el doble carácter de φῶς no hay ninguna *correspondencia*, sino que se hace ya el salto al ἀγαθόν, en la indeterminación del posibilitamiento. En ninguna parte hay una base para que con el doble carácter de φῶς se corresponda la ἀλήθεια, pues *ella misma* es miembro del ζυγόν, y no el ζυγόν mismo, y en cuanto *claridad* surge de *la luz*.

Luz: 1) *irradiar* e *iluminar*. ¿Son ambos distintos? Pues ambos se mientan con el φῶς. Pero la *iluminación*, en cuanto surgida de la luz, no puede ser ella misma lo *irradiante*. φῶς es el ζυγόν, ciertamente, pero φῶς, justamente, no es solo clareamiento y claridad, sino aún algo distinto que la ἀλήθεια, y con base en *esta* duplicación está en condiciones de llegar a ser *unción bajo el yugo*.

Hasta qué punto importan la γνῶσις y la ἀλήθεια, *en un primer momento* en cuanto miembros, y hasta qué punto, sin embargo, el yugo y su fundamento uncen todo lo que está en el eslabón: no solo lo ἀληθές, sino la οὐσία misma: eso es lo que quiere expresar la ἐπεκεῖνα, es decir, el ἀγαθόν es también lo *irradiante* y lo *vivificante*, lo causante para lo ente en cuanto ente, pero eso significa también para la ἰδέα *como* ἰδέα.

— 91 —

IV. Sobre la posición metafísica fundamental de Platón

La ἀλήθεια no está desarrollada, sino que solo se la mantiene fija en un primer despuntar griego y así se la pone después en la referencia; y luego, todo esto queda desplazado bajo la explicación mediante el αἴτιον. Pero justamente de esta manera sucumbe la pregunta por la verdad como ἀλήθεια, y entonces tiene que venir la ὁμοίωσις y la ignorancia sobre su auténtico fundamento. ¿Cómo determina el *no-ocultamiento* el νοεῖν en lo que esto es?

Platón ve la *referencia* de ὄν y de ψυχή, y pregunta por la αἰτία. Pero *¿cómo* establecer esto si previamente la οὐσία y la ψυχή no son ellos mismos más originales? (Cfr. asimismo Aristóteles: ἡ ψυχὴ τὰ ὄντα πώς ἐστιν, *De anima* Γ y Tomás de Aquino.) Pero no se gana el *planteamiento* del auténtico preguntar, a saber, *en la οὐσία y la ἀλήθεια y la ἰδέα*. ¿Cómo es eso *posible*? ¿Qué *reside en ello* y en qué se basa todo esto?

En lugar de ello: el ἀγαθόν mismo vuelve a ser de nuevo solo ἰδέα. κάλλιστον. ἀγαθόν: lo posibilitante para la κοινωνία es igualmente el ἕν: acuerdo, pero sin un preguntar original por la esencia de lo acordante y unificante; no se pregunta desde la profundidad del «*entre*» y para este, sino que se busca la causa para los miembros ya terminados. Por tanto, *no* se pregunta qué *es en sí* la ἀλήθεια, qué es la ψυχή, el λόγος, el *hombre* (cfr. arriba). Pese a ello, todo esto es intranquilizante: cfr. la parábola de la caverna.

El desarrollo del ὄν queda bajo la priorización de la φύσις y la ἀλήθεια, y en consecuencia pasa a ser un alejamiento y una apostasía que ya no están a la altura del comienzo. Este solo se vuelve a alcanzar mediante un comienzo más original.

El desarrollo de la pregunta conductora: *su entramado* como el oculto y fatídico deparar los *sucesos* de la *historia primordial* del hombre como *historicidad*. ¿Qué es esencial en este proceder inquiriente? ¿Con qué nos encontramos aquí?

44. Sobre la posición metafísica fundamental de Platón

λόγος \   εἶδος   ἰδέα
νοῦς   —   τέχνη (cfr. *Fedro*.)
γνῶσις /
           ποιούμενον   πρᾶγμα

La φύσις queda fijada en la constancia del estar, se la hace un ποιούμενον detenido y ya terminado: límite, figura. Este es el *criterio y la norma* para la interpretación de lo ente.

El inquiriente y su *hilo conductor*, el λόγος, son *lo anticipativo del hilo conductor*. ¿El desarrollo del hilo conductor es entonces una meditación sobre el *hombre*? Ya en Descartes, y en él de forma radical, hay un regreso al *ego* y a la relación sujeto-objeto. (Próximo «Informe» de Ar. Eggert.) Por el contrario, en Platón no hay aún ningún «sujeto» qua ego. La meditación sobre el hombre tiene que pensar que el proyecto del fundamento del ser hombre solamente se puede hacer desde el salto a la verdad del ser como diferencia.

En el desarrollo de la pregunta conductora, la metafísica es cuestionada en cuanto tal y superada. No se pregunta ni por la φύσις ni en general por lo ente en cuanto tal, sino por la verdad del ser. La metafísica consiste en pensar lo ente en cuanto tal al hilo conductor del λόγος. Pregunta por la relación entre entidad y pensar. Hay también una Metaphysica sp[ecialis], que pregunta por la «causa» de lo ente. Cfr. Kant, *Principios metafísicos de las ciencias naturales*, «Prólogo»: *«Toda verdadera metafísica se ha obtenido de la esencia de la propia facultad de pensar.»*[29]

La «transcendencia» se toma en cuanto tal en sus distintos significados. En *Ser y tiempo* y en *De la esencia del fundamento*, la transcendencia está basada y al mismo tiempo superada en el ser-ahí. Ahora esto ya no es posible, pero tampoco hay ninguna necesidad de ello.

---

29 Immanuel Kant, *Die metaphysischen Anfangsgründe der Naturwissenschaft*, 1786, A XIII.

IV. Sobre la posición metafísica fundamental de Platón

Una nueva indicación a la ontología fundamental: el concepto del ser-ahí es intraducible. Con él se piensa *la propiedad y la impropiedad del ser-ahí*. Lo ente se vuelve *más rico, más variado*. La *naturaleza*, la historia, ya no se las considera solo como lo «compareciente», lo *presente*, lo *dado*. Nosotros mismos somos entes. ¿Cómo estamos entonces «en medio de» lo ente?

45.

ἀλήθεια

ἀλήθεια, cfr. mis lecciones del semestre de invierno de 1931-1932, [Manuscrito] 24 ss.[30]

1) ἀλήθεια, siempre como miembro en el yugo, es la *claridad* en la que está lo ente.

2) ἀλήθεια καί ὄν, como καταλάμπαν, como *iluminante (dando claridad)*, como ἥλιος.

3) En ninguna parte se dice que con el φῶς se corresponda la ἀλήθεια, sino como mucho ἀλήθεια καί ὄν, es decir, ἰδέα; pero esto es *estar avistado* y no-ocultamiento. Es más, justamente se pasa por alto la correspondencia con el φῶς, pasándose directamente al ἀγαθόν (*República* VI, 508e). Cfr. también el καταλάμπειν.

4) Sin embargo, en cuanto no expresado, lo mencionado hay que tomarlo justamente en sentido platónico. El *estar aclarado*, la *claridad*, posibilita también el ver; así pues, ἀλήθεια καί ὄν, es decir, la *ἰδέα* es el yugo, y por eso *ἰδέα τοῦ ἀγαθοῦ*.

5) Pero precisamente lo decisivo es que aquí no se dice cómo la ἀλήθεια pasa a ser νοεῖν, sino siempre solo νοούμενον y ὄν, y precisamente esto es lo *griego*. Es decir, la ἀλήθεια se toma des-

---

30 Martin Heidegger, *Vom Wesen der Wahrheit*, GA 34, pp. 44 ss.

46. μὴ ὄν y confusión

de el ὄν, pero en dirección al νοεῖν. Pero ella misma no se pone en cuestión. Solo αἰτία: ἰδέα τοῦ ἀγαθοῦ.

Establecer la ἀλήθεια simplemente como yugo es objetivamente legítimo, pero haciendo eso solo se ha planteado una pregunta. Pues qué sea la ἀλήθεια *en cuanto yugo*, justamente no se muestra, sino que la pregunta ni siquiera se plantea, es decir, la ἀλήθεια se viene abajo. El desarrollo posterior no es posible con base en la posición fundamental griega.

Platón *no muestra desde la ἀλήθεια lo que ella lleva a cabo en cuanto yugo*, en el sentido del uncimiento de alma e ἰδέα, sino que deja estar a la ἀλήθεια misma como el iluminar lo ente mismo, *claridad* que posibilita también el νοεῖν. Pero lo que eso *es*, aquí no puede preguntarse. *¿Por qué no?*

En cuanto al asunto, la ἀλήθεια *tiene que* ser el yugo, pero no puede serlo porque ella misma no es puesta en cuestión [?]. Pues: 1) ella misma tiene que ser *más* que el *no-ocultamiento de lo ente* (más que considerada solo a partir de este); y 2) entonces tienen que caer *el yugo* y *el puente*. El planteamiento tiene que ser diferente: ser-ahí.

ὢν ὁ ἥλιος καταλάμπει.

οὗ καταλάμπει ἀλήθεια καὶ τὸ ὄν. ἀλήθεια es siempre la claridad del *objeto*, del ὄν.

¿Por qué puede serlo?

Platón no dice: la ἀλήθεια es el yugo, sino: en cuanto al asunto, tiene que serlo. Pero *entonces*, ¿qué es *ella*?

46.

μὴ ὄν y confusión

La piedra se deshace.
La planta se agosta.
El animal muere.
El hombre fallece.

IV. Sobre la posición metafísica fundamental de Platón

Solo rara vez le es dado a uno morir su muerte propia: el *quedarse atrás*.

Muerte (singularidad del ser) y camino (transcendencia) como «ahí», *aquí*, en lo más extremo, la verdad de la diferencia del ser. En medio del hombre y la diferencia del ser. «Muerte» y *ser-ahí*: en el sentido de la ontología fundamental, pero no existencialmente.

47.

ἡ ἰδεα τοῦ ἀγαθοῦ

τὰ γιγνωσκόμενα (a) *República* VI, 508 ss.
ὅ γιγνώσκων (b)
τὸ παρέχον τὴν ἀληθείαν τοῖς (a)
τὸ παρέχον τὴν δύναμιν τοῖς (b)
αἰτία ἐπιστήμης καί ἀληθείας
(a) ἀληθεία y γνῶσις – ἀγατοειδέσ
 ἀγαθόν – ὑπέρ ταῦτα κάλλει
 todavía tiene más belleza que esta,
 es decir, ἐκφανέστατον y ἐρασμιώτατον,
 lo más cautivador y lo más arrebatante.
ἥλιος εἰκῶν τῆς ἰδέας τοῦ ἀγαθοῦ. ¿Lo más capaz, lo que más vale para algo, es aquello de lo que está en función todo «ente» en cuanto tal? (ἕν) El «estar en función de». «Valer para», «ser capaz», «posibilitamiento», ἐκφανέστατον εἶδος (τέχνή).

ὄν ὑπόθετον   ὑπόθεσις
                «grado» para el ascenso
ἀγαθόν y ἕν   ὄν – ἕν

V.

EL TRÁNSITO DE LA METAFÍSICA GRIEGA A LA MODERNA: EL CRISTIANISMO

48.

EL TRÁNSITO DE LA AUTÉNTICA FILOSOFÍA GRIEGA A LA METAFÍSICA ROMANO-CRISTIANA

Esencial es una duplicación:
1) *El ser como entidad:* κοινόν – ἕν.
2) Lo propiamente ente como αἰτία – ἐπέκεινα en el sentido de las disciplinas: πρώτη φιλοσοφία y θεολογική; δημιουργός.

Filón acopló el platonismo habitual al monoteísmo judaico del Antiguo Testamento. La repercusión y *la transformación la llevó a cabo el neoplatonismo* (Dionisio Areopagita). Con ello se hizo *fundamentalmente* posible para el cristianismo asumir el aristotelismo y el platonismo. Con la idea del Dios creador como el auténtico ente –summum ens (ἀγαθόν)– se compadece la doctrina aristotélica: πρότερον ἐνέργεια τῆς δυνάμεώς ἐστιν (*Metafísica* Θ 8), lo cual significa, no obstante, algo *distinto* del actus purus.

Muy tardíamente, todo esto se vacía en los meros valores supremos: incluso Nietzsche se enreda con esto.

La auténtica pregunta por el ser no se mantiene, es decir, no se desarrolla. (La pregunta por la verdad queda implantada, cfr. *Lecciones* 1937-1938.)[31] Más bien, la filosofía griega se toma escolásticamente como doctrina, y se la emplea en sus resultados para interpretar y fundamentar algo totalmente distinto. Ciertamente, la metafísica moderna queda determinada por esta cristianización de la filosofía griega, y solo por ella. Y a la inversa, esto conduce a una interpretación cristiana de la Antigüedad que to-

---

31 Martin Heidegger, *Grundfragen der Philosophie*, GA 45.

V. El tránsito de la metafísica griega a la moderna: el cristianismo

davía perdura en el siglo XIX y hasta hoy: cfr. Jaeger, *Aristóteles*.[32] En relación con la ἐπέκεινα como Dios, cfr. hoy aún la «transcendencia» en *Jaspers*.

El tránsito a la metafísica se hizo manteniendo las categorías aristotélicas y la doctrina platónica de las ideas: entidad y pensar. La *concepción del hombre* (la referencia necesaria dentro de la pregunta conductora) se determina asimismo en sentido cristiano, desde la salvación del alma y desde la certeza de la salvación, y a partir de ahí se prepara la mundanización de la certeza del yo (cfr. «Sobre la posición metafísica fundamental de Descartes»); sin embargo, en la filosofía moderna (excepto en Leibniz) todo queda como estaba.

---

32 Werner Jaeger, *Aristoteles. Grundlegung einer Geschichte seiner Entwicklung*, Berlín, Weidmannsche Verlagsbuchhandlung, 1923.

VI.

LA POSICIÓN METAFÍSICA FUNDAMENTAL DE DESCARTES (RESUMEN)[33]

---

[33] Cfr. los «Anexos».

49.

Descartes

Antes de empezar a despotricar contra Descartes y de «superarlo» con las objeciones que ahora se van haciendo usuales y que no tienen nada que ver con su verdadera obra, hace falta que uno se ponga a medir todo el alcance interno de su pensamiento para la época posterior, así como su procedencia desde el comienzo griego, y concretamente desde la meditación sobre el modo de preguntar la pregunta conductora metafísica: un modo de preguntar que hasta entonces era inaudito pero que, pese a todo, seguía la tradición.

Que ahora se *rechace* a Descartes tan ciegamente igual que hace unas pocas décadas el neokantianismo de todas las tendencias lo *celebró* como *el* comienzo del auténtico filosofar: estas dos reacciones que muestran no tener ni idea se corresponden mutuamente, y ambas son igualmente indignas de que las tratemos.

A.

[Descartes y la pregunta conductora]

50.

Descartes y la modernidad

En la medida en que se pregunta por la posición metafísica fundamental (por el tratamiento de la pregunta conductora), se decide ya dónde hay que buscar lo esencial del «inicio» de la mo-

VI. La posición metafísica fundamental de Descartes...

dernidad: en una interpretación modificada de lo ente en cuanto tal y de lo que eso conlleva; en una determinación modificada de la verdad como certeza, y de la certeza como maquinación. Todo lo que por lo demás se suele aducir como moderno: la liberación del hombre, la individualización, la conquista del mundo y el dominio de la razón, todo eso son las primeras *consecuencias esenciales* de aquel cambio que, como siempre, en un primer momento afirma conjuntamente justo lo anterior. El «inicio», y de forma total el comienzo, se quedan justamente en medio de eso que hay que superar. El ens pasa a ser lo perceptum, frente al ens como creatum. Pero este se conserva, lo cual se expresa justamente en las determinaciones fundamentales: el ens qua perceptum (como ego cogito sum) es el ens absolutum (fundamentum absolutum), y por consiguiente no el ens infinitum. Solo en el pensamiento del idealismo alemán se piensa la *identidad* de ambos en el saber absoluto, aunque jamás en una unidad *original* (cfr. la filosofía tardía de Schelling).

El ens pasa a ser lo perceptum de la clara et distincta perceptio; lo ente se determina en cuanto tal, desde su encuentro inmediato, como esto presente y dado que en cada caso es individual y determinado, y que merced a que está presente es el fundamento de legitimidad de lo que le pertenece y de lo que surge de él y reposa en él.

En tal medida, el nominalismo de la Escolástica tardía, mediante el cual la realitas comienza a desplazar[se] desde la essentia hasta la singularitas, es un presupuesto de aquella modificación de la determinación de la entidad como el estar representado, aunque, en su conjunto, también esta se mantiene bajo el trazado de la οὐσία como ἰδέα.

Pero nosotros, hombres de hoy, sobre quienes se ha sobreacumulado una larga tradición del pensar, no tenemos la más mínima sensibilidad, ni menos aún el afinamiento, para experimentar lo *sencillo* de aquel cambio, ni para reintroducirlo como

51. Descartes

empuje para nuestro crear. *Nosotros* nos destruimos esto sencillo aquí y en todas partes en la historia en cuanto que vamos construyendo encima de ello lo historiográfico.

51.

Descartes

Lo esencial no es el retroceso al «yo» y al «sujeto», sino la acentuación de la intención metafísica fundamental de determinar el ser desde un ente, en concreto desde lo más ente –da igual desde cuál–. Es decir, lo decisivo es la búsqueda de algo que sea lo más ente (es decir, en el sentido de la comparecencia constante), de algo que sea lo más inmediato y lo más constante y próximo para este *pensamiento*, es decir, *mientras este piensa*. Ello implica la renovada decisión de un alejamiento de la verdad de la diferencia del ser, en la medida en que esta no puede hallarse en lo ente. Lo más ente es [ahora] el re-pre-sentar.

Sobre Descartes: cfr. semestre de invierno de 1935-1936 (lecciones), pp. 41 ss., sobre todo 64 ss.; «Sobre lo matemático»;[34] semestre de verano de 1936 (lecciones), pp. 23 ss., «Sobre lo sistemático»;[35] cfr. *Meditationes* y *Regulae*, *Anotaciones* en el ejemplar de mano.[36]

---

34 Martin Heidegger, *Die Frage nach dem Ding. Zu Kants Lehre von den transzendentalen Grundsätzen. Freiburger Vorlesung Wintersemester 1935/36*. GA 41, editado por Petra Jaeger, Frankfurt del Meno, Vittorio Klostermann, 1984, pp. 69 ss., 89 ss.

35 Ídem, *Schelling: Vom Wesen der menschlichen Freiheit (1809). Freiburger Vorlesung Sommersemester 1936*. GA 42, editado por Ingrid Schüßler, Frankfurt del Meno, Vittorio Klostermann, 1988, pp. 59 ss.

36 René Descartes, *Meditationes de prima philosophia* (1641), curavit Artur Buchenau. Leipzig, Meiner, 1913. René Descartes, *Regulae ad directionem ingenii* (1701), editado por Artur Buchenau, Leipzig, Verlag der Dürr'schen Buchhandlung, 1907.

52.

Pregunta conductora

Tratamiento de la pregunta conductora y desarrollo de la pregunta conductora; aquí hay que *diferenciar*:
1) *Realización de la pregunta conductora:* preguntar expresamente la pregunta.
2) *Responder a la pregunta conductora:* a) con relación a un preguntar expreso
b) con relación al preguntar no expreso y que conduce como algo obvio.
Esfuerzo inmediato por la entidad de lo ente.

1) y 2) tratamiento de la pregunta conductora y esfuerzo por la pregunta conductora. Esto hay que diferenciarlo estrictamente de
3) Desarrollo de la pregunta conductora.
    a) ¿Cómo se llega a esta y por qué?
    b) ¿Cómo se la prepara? Por medio de la historia de 1) y de 2) y por medio de su final, suponiendo que se los experimenta *así*: desde un preguntar más original de una necesidad superior.
    c) Desarrollo de la pregunta conductora, y no una simple meditación «crítica» sobre el modo de proceder. Esto está también en Descartes *(método)*, pero justamente aquí está lejos, y lo más alejado, del desarrollo de la pregunta conductora (cfr. capítulo 54, «La posición metafísica fundamental de Descartes»).

El desarrollo de la pregunta conductora se produce solo donde se realiza un paso esencial desde el acto expreso de preguntar:

52. Pregunta conductora

¿qué es lo ente?, meditando simultáneamente sobre eso a lo que en ello se pregunta y sobre eso por lo que en ello se pregunta y que ahí se está reclamando *(Ser y tiempo)*. Un estallido interno se produjo a causa de la pregunta por la verdad de la entidad misma (por el «sentido del ser»), creándose así el tránsito a la pregunta por la diferencia del ser como lo más original y lo totalmente distinto. Pero esto no como un añadido posterior a la pregunta conductora que había hasta entonces. De ahí la fundación del ser-ahí y el otro comienzo, que hace desaparecer la pregunta conductora reconociéndola de esta manera, justo ahora, solo históricamente.

El hilo conductor de la pregunta conductora es aquel que recorremos preguntando y con el que procedemos para dar con el campo de visión desde el cual debe determinarse lo ente en cuanto tal. El hilo conductor es el pensar: es decir, la entidad se concibe desde el estar percibido (νοούμενον) como ἰδέα – λεγόμενον, desde su *estar representado* y *estar pensado*, y en este sentido.

Demostración:	Las categorías del enunciado.
	La *verdad* en cuanto tal del enunciado.
«Pensar»:	1) como modo del acto de preguntar y de responder.
	2) como hilo conductor que se despliega aquí.
¿Qué significa «pensar»?	Experimentado históricamente desde el νοῦς y el λόγος.
a) Re-pre-sentar en general	διαλέγεσθαι
b) *¡Proyectar!*	διανοεῖν – intellectus – ratio
Lo arrojado y fundarse.	

VI. *La posición metafísica fundamental de Descartes...*

53.

PREGUNTAS DE LA CLASE ANTERIOR

La posición del hombre en lo ente ha sido asumida y afianzada por la metafísica y su formación. La posición fundamental metafísica es la posición fundamental *en el preguntar* la pregunta conductora. Este preguntar mismo crea y asume y fija y afianza una *posición. ¿Dónde y cómo? ¿*Y qué es ella misma? *Administrar lo ente en cuanto tal: entidad y «a priori».*

Hasta ahora solo teníamos un informe sobre la metafísica de Platón. La vez anterior *se aclararon cosas esenciales* para la interpretación, y ahora, dando un gran salto, se suma ya, de forma correspondiente, un informe sobre Descartes.

Damos un informe y una *aclaración e indicación* de lo que hay en medio: «Cristianismo», cfr. «El tránsito»[37]. *Ahora tenemos dos posiciones fundamentales. ¿Son comparables?* Más estrictamente, todavía no se han puesto de relieve en cuanto tales, sino que tenemos la realización de la pregunta conductora y la respuesta a la pregunta conductora, pero todavía no un desarrollo de la pregunta conductora. ¿Qué significa *desarrollo de la pregunta conductora*? Aparentemente, una reflexión sobre el preguntar y el inquiriente, el hombre. Meditación crítica: ego. *¡Descartes!* Sobre la posición fundamental metafísica de Platón, cfr. capítulo 44.

---

37 Cfr. «48. El tránsito de la auténtica filosofía griega a la metafísica romano-cristiana».

54.

LA POSICIÓN METAFÍSICA FUNDAMENTAL DE DESCARTES

Introducción, hasta I.
A) Meditación fundamental sobre el tratamiento de la pregunta conductora en Descartes: «Sobre A)».
B) Visión a fondo del entramado de las *Meditationes*: «Sobre B)».
C) Estas *Meditationes de*, aunque son reflexiones en cuanto al modo de proceder en la realización del tratamiento de la pregunta conductora, no son sin embargo un *desarrollo* de la pregunta conductora: «Sobre C)».
D) ¿Qué resulta para nosotros de esta meditación histórica en cuanto al desarrollo de la pregunta conductora?: «Sobre D)».

Antes del tratamiento de esto, es necesaria una nueva meditación sobre nuestro modo de proceder y sobre la tarea que lo determina. Estamos meditando sobre las *posiciones metafísicas fundamentales*. (En la medida en que esto sucede en ejercicios comunes, estos tienen un carácter totalmente distinto que aquellos otros que sirven para interpretar una obra. Aquí se presuponen rigor y minuciosidad para el trabajo de interpretación de las obras que entran en consideración, mientras que nosotros apuntamos a lo auténtico, es decir, a lo *no dicho*. No todo puede comentarse en igual medida, sino que solo podemos intentar una *visión a fondo* esencial.)

1. La *posición metafísica fundamental* es aquella posición del hombre que, por medio de la metafísica y su formación y afianzamiento, se asume en medio de lo ente y como relación con lo ente. Aquí gobierna una determinada esencia de la verdad.

VI. La posición metafísica fundamental de Descartes...

2. La metafísica es el tratamiento de la pregunta conductora (acto de realizar y de responder la pregunta: ¿qué es lo ente en cuanto tal en su conjunto?).
3. Este preguntar mismo *y su tratamiento* crean, asumen, fijan y afianzan aquella posición. Cfr. manuscrito: «Pregunta conductora: tratamiento de la pregunta conductora» y «Desarrollo de la pregunta conductora».[38]
4. Por eso forma ya parte del desarrollo de la pregunta conductora –estamos hablando desde ella– si la concebimos bajo la fórmula: *entidad y pensar*, con lo que (desde *Ser y tiempo*) se está apuntando a la mirada conductora previa y al hilo conductor del tratamiento de la pregunta conductora. Ahora bien, con esto queda dicho también qué es lo que importa en la meditación sobre la posición metafísica fundamental de Descartes, y por qué camino llegamos a concebirla *a ella* (y a toda otra posición posterior y anterior).

A) *Primeramente, hay que preguntar: si y cómo* el pensar es esencial *para* su metafísica como hilo conductor y como mirada previa, también y justamente cuando la pregunta misma *(quid est ens)*[39] él ya no la pregunta expresamente con esta fórmula. Cfr. más adelante «Sobre A) Meditación fundamental».

B) Al mismo tiempo, hay que establecer a *qué escrito* tenemos que atenernos, desde dónde se puede comprender su obra en su conjunto. La decisión sobre esto se nos ha puesto especialmente fácil porque la obra principal de Descartes es –y no por casualidad– el escrito que lleva por título: *Meditationes de prima philosophia* 1641 (*Principia* 1644),[40] consideracio-

---

38 Cfr. los capítulos II y III de este volumen.
39 «Qué es el ente.» *[N. del T.]*
40 René Descartes, *Principia philosophiae*, 1644.

§ 54. *La posición metafísica fundamental de Descartes*

nes *sobre* aquella tarea de la filosofía, la πρώτη φιλοσοφία, que desde Aristóteles se fijó como la pregunta por el ὂν ᾗ ὄν. (El acoplamiento con la θεολογικὴ ἐπιστήμη (como pregunta por el ἕν [ὄν y ἕν]).
C) ¿Reside ya en estas *Meditationes* el *desarrollo de la pregunta conductora...* o su opuesto?

Sobre B)
a) Visión global del entramado interno de las *Meditationes* (cfr. más adelante VI).
(I. un camino de conducción hasta un surgir, y *no* la derivación del cogito – sum.)

I. *De iis, quae in dubium revocari possunt;*[41] así pues, hay que aclarar:[42] *quid est indubitatum?*,[43] con relación a aquello de lo que no cabe ningún titubeo ni vacilación, sino una certeza asegurada. Quid est firmum?[44] ¿A qué me puedo atener, es decir, conforme a qué me puedo regir *(rectum)* para la rectitudo, es decir, la veritas? Quid est verum?[45] Respuesta: un *certum*.[46] Primera rectitud y rectitud determinante, que es en sí misma correcta. Ratio. (Cfr. *Opera* VII, pp. 144 s.)[47] *Certum*? El ente primero y auténtico es el cogito – sum. Por vía del preguntar por el ens verum en cuanto certum, se busca la *primera verdad*, la primera *rectitud*, a saber: si *yo* pienso, y mientras *yo* pienso,

---

41 «De aquellas cosas que pueden ser revocadas al dudarlas.» *[N. del T.]*
42 I. un camino de conducción hasta un surgir, y *no* la derivación del cogito – sum.
43 «¿De qué no se duda?» *[N. del T.]*
44 «¿Qué es seguro?» *[N. del T.]*
45 «¿Qué es verdadero?» *[N. del T.]*
46 «Algo cierto.» *[N. del T.]*
47 *Œuvres de Descartes*, publicadas por Ch. Adam y P. Tannery, vol. VII: *Meditationes de prima philosophia*, París, 1904. Secundae Responsiones, pp. 144 s.

yo soy. Así pues, la primera seguridad es la *seguridad del yo*. Esta relación, que es formulable en una frase, es el primer enunciado: es decir, el de una referencia que concierne al yo en cuanto tal. El ego es determinado por medio de esta correspondencia y pertenencia mutua.

II. *De natura mentis humanae: Quod ipsa sit notior quam corpus.*[48] Porque al «ego» le corresponde la prioridad, por eso se trata primero este ens. Mens humanae y *substantia cogitans creata*[49] (*Principia* I, 52), pero aquí *como ego cogito*, como *cogito me cogitare*:[50] autoconciencia, certeza del yo. Notior[51] como substantia cogitans es el *sujectum* determinante porque en el *orden de la verdad*, es decir, de la certeza y del poder tener certeza, es lo *primero* y lo más inmediato para el sapiente en este sentido.

(I) ¿Qué puede considerarse *en general* como ens *verum*, desde qué campo de visión en general se puede determinar primero el ens qua ens?

(II) ¿Qué es en sí mismo esto primero determinable?

III. *De Deo, quod existat.*[52]
Cfr. la introducción a esta *Meditatio*. Resumen de I y II. De I y II, la *regula generalis*. Illud omne esse verum, quod valde clare et distincte percipio.[53] (*Meditatio* III: comienzo.) ¿Por qué regula? Por el yo y la relación consigo. ¿Por qué generalis? Porque es lo *supremo* y está incluido en todo cogito, en todo sum. ¿*Por qué* y

---

48 «De la naturaleza del espíritu humano. Por qué a este se lo conoce mejor que al cuerpo.» *[N. del T.]*
49 «Espíritu humano y la substancia pensante creada.» *[N. del T.]*
50 «Pienso que yo pienso», «me pienso pensando». *[N. del T.]*
51 «Más conocido.» *[N. del T.]*
52 «De Dios; que Él existe.» *[N. del T.]*
53 «La regla general. Es verdadero todo aquello que percibo clara y distintamente.» *[N. del T.]*

54. La posición metafísica fundamental de Descartes

cómo tiene que estar fundamentada esta regula generalis? ¿Conforme a y en el sentido de su propia exigencia? (Cfr. más adelante «Sobre A)».) Porque ego = ens creatum finitum.
    Cognitio veri Dei[54] (cfr. la conclusión de la *Meditatio* V).
Fundamentación e interpretación de la lumen naturale. No es una recaída en la *metafísica* cristiana, sino, a la inversa, una inclusión de esta en el cogito y en el nuevo subjectum y su objetividad. Cfr. más adelante el idealismo alemán: lo absoluto y lo incondicional.

IV. *De vero et falso*[55] (corresponde a la tarea III).
Pues el error es el contraargumento en *contra* de la lumen naturale en cuanto creada, pero: *facultas* errandi, creata non autem in *finem* errandi. *finis: libertas.*[56] Es mayor el alcance de la *voluntas*, es decir, de la facultas percipiendi et volendi.[57]
    III y IV. *Aseguramiento de la regula y del subjectum* en el sentido del principio establecido de la seguridad y, por tanto, aseguramiento del hilo conductor de la interpretación del ens – verum.

V. *De essentia rerum materialium et iterum de Deo, quod existat.*[58]
Lo ente que no es el hombre, en su determinación *esencial,* es natura y extensio desde la mathesis.

---

    54 «Conocimiento del Dios verdadero.» *[N. del T.]*
    55 «Sobre lo verdadero y lo falso.» *[N. del T.]*
    56 «Pero la capacidad de equivocarse no ha sido creada con el fin de equivocarse, sino que el fin es la libertad.» *[N. del T.]*
    57 «La voluntad», «la facultad de percibir y de querer.» *[N. del T.]*
    58 «Sobre la esencia de las cosas materiales, y de nuevo sobre Dios; que Él existe.» *[N. del T.]*

VI. *De rerum materialium existentia et reali mentis a corpore distinctione*[59]
«Realitas» y singularitas y existentia. ¿Existente en la res materialis? Porque la existentia = certum esse[60] y la res materialis cae bajo esta certitudo. ¿Con qué legitimación? ¿Por qué esto se vuelve ahora una pregunta? (Destrucción definitiva de la ἀλήθεια.)

Ahora bien, en V y VI, sobre la base del aseguramiento del hilo conductor, lo ente es medido en su conjunto, y es asegurado y valorado en su *determinabilidad* como ens. En II (III y IV) se trata el hombre, la res cogitans. En V y VI se trata de la res extensa (mundos) y Dios: hombre – Dios – mundo. Cfr. la posterior articulación escolástica de la *metaphysica specialis*.

Pero en las *Meditationes* todo esto se hace en atención a la pregunta de en qué medida y de qué manera lo ente en su entidad, que pasa a ser objetualidad, es determinable desde la certitudo del ego cogito como el primum verum, certissimum.

b) ¿Qué obtenemos de estas *Meditationes* para la caracterización general del tratamiento de la pregunta conductora?
1. La pregunta quid est ens qua ens[61] no se plantea ya expresamente, pero por tal motivo es tanto más apremiante y efectiva, pues para determinar la entidad de lo ente lo importante es el aseguramiento del «pensar» como el hilo conductor, que ya no se pone en cuestión.
2. El hilo conductor de la determinación del ens – verum – certum es la certitudo del *ego cogito*. Así pues, el *pensar* es el hilo conductor, y concretamente con una acentuación esencial del *ego cogito*. Por lo demás, *y con excepción de la extensio*, se asumen las categorías tradicionales, cfr. *Principia*. Esta [ex-

---

59 «De la existencia de las cosas materiales y de la diferencia real entre el espíritu y el cuerpo.» *[N. del T.]*
60 «Existencia = ser cierto.» *[N. del T.]*
61 «Qué es lo ente en cuanto ente.» *[N. del T.]*

54. La posición metafísica fundamental de Descartes

tensio] se pone como esencia de la res materialis porque se puede hacer corresponder con el ens verum.

Sobre A)
Meditación fundamental.
1. ¿De qué manera es la cogitatio *hilo conductor*? (Cfr. más adelante apartado 2).)
a) *Como cogitare*, es decir: cogito *me* cogitare.[62] *Es esencial el doble significado de la cogitatio.*
   α) *Cogito me*, es decir, *me represento a mí mismo como*; percipio, estoy orientado a mí. *Yo*: lo correcto como lo re-pre-sentante. Estoy seguro de mí mismo, es decir, lo «primero» es el estar seguro: la *correspondencia y pertenencia mutua* de cogitare y esse (identitas).
   β) Cogitare como iudicare – velle – sentire:[63] todo tipo de conducta anímica. Pero ahí está siempre el cogito me, el representar*se*.

Lo que determina propiamente a la cogitatio, *el saberse como* (la *autoconciencia*, la certeza del yo), determina la «conciencia»: el representar algo como el referir al yo en cuanto lo que *se* representa lo representado. Solo desde el cogito como *ego* cogito, desde el cogito me, para el cual todas las conductas son *cogitata*, puede comprenderse lo chocante de que también el velle y el sentire sean *cogitationes* (*Principia* I, 32).

Referir lo representado en cuanto tal a sí mismo, al yo: esta referencia no es solo accidental, sino que, a la inversa, el *«yo»* en su autojusticia, en su regirse a sí mismo, es el criterio y la norma para todo lo representable en su estar representado, y este estar representado es lo que significa y lo que determina toda entidad. ens = perceptum clare et distincte.[64]

---

62 «Pienso que estoy pensando.» *[N. del T.]*
63 «Juzgar, querer, sentir.» *[N. del T.]*
64 «Ente = lo percibido de forma clara y distinta.» *[N. del T.]*

VI. *La posición metafísica fundamental de Descartes...*

b) Por tanto, el *ego* cogito es por su parte el ente primero y auténtico (en el sentido de esta entidad), es decir, ὑποκείμενον, es decir, *subjectum*. El «yo» se toma ahora como la auténtica substantia, y desde ahí se considera ahora la verdad; es lo que Leibniz llama «ens per se». Ahí donde el cogito se ha hecho *ego* cogito (certeza: salus[65]), el *ego* se ha hecho «sujeto» (y a la inversa, el subjectum anterior se ha vuelto objectum).

Sujeto: el *yo, el* ente, desde donde, en cuanto «yo pienso», se determina toda entidad.

c) El ser-yo, ego sum, el ego cogito, el comportamiento del yo (facultates, potencias), y de este modo, el *comportamiento consigo* del *«yo pienso»*, son determinantes y normativos. Y porque este comportamiento en cuanto tal no es arbitrario, sino que es correcto y está regido por sí mismo, despliega en sí la regencia de su regirse, y *en calidad de comportamiento* está sujeto él mismo en tal *proceder* a *reglas*; a reglas que él mismo, conforme a su esencia, se pone como medida para «sí», es decir, que el yo representa todo ente en cuanto tal. La regula como regula *generalis*: id quod clare et distincte percipio certum est, id est: verum est; id est: *est*.[66]

d) La regula generalis determina la esencia del cogitare en su proceder, en su ver y hacer visible lo ente y, por tanto, determina dicha esencia como *lumen*, una *lumen* que es dependiente de sí misma, de su esencia: una lumen *naturale*. Esta es la ratio, y con esto se está prefigurando el concepto moderno de razón. La razón, según Kant, es la facultad de los principios (en cuanto principios fundamentales supremos).

---

65 «Salvación.» *[N. del T.]*
66 «Regla general: aquello que percibo clara y distintamente es cierto, es decir: es verdadero; es decir: *es*.» *[N. del T.]*

54. La posición metafísica fundamental de Descartes

e) Y no obstante, esta lumen naturale y, por tanto, la regula generalis como natura mentis luminanae (ego), todavía *necesita una fundamentación*, y ella misma solo es verdadera si no confunde ni puede confundir, es decir, si es a Deo,[67] si *es creatum*. La lumen naturale tiene que evidenciarse como ens creatum, como *certum* qua creatum,[68] y concretamente tiene que evidenciarse en el sentido de su propia exigencia de certeza. *Meditatio* III.
La demostración misma | idea − realitas formalis
realitas objectiva
Máxima (cfr. «Nota complementaria 7»)

f) Porque la regula generalis determina la entidad, *por eso es posible y necesaria la mathesis*. Porque la veritas es certitudo, de ahí la seguridad de la correspondencia y pertenencia mutua y la consecuencia de lo uno a partir lo otro. Intuitus y deductio: la ratio está fundamentada metafísicamente.

2. ¿Cómo es determinado ahora lo ente en su entidad con arreglo a este hilo conductor?
(1) El ego cogito se hace subjectum.
(2) El subjectum se hace *cogitatum*.
(3) Cogitatum es lo perceptum, que pasa a ser *objectum*.
(4) La entidad pasa así a ser objetividad.
La prioridad la tiene la certeza del yo, es decir, las regulae, es decir, el método. Con ello, lo ente pasa a ser lo *objetual* en cuanto tal, y el subjectum pasa a ser objectum (lo correcto es lo que está *representado* con certeza. El «yo represento», «yo pienso», el primer estar representado: subjectum y objectum).

Entidad, objetividad. (Kant). Lo *«a priori»* pasa a ser ahora *«subjetivo»*. Con ello, el dominio del pensamiento como hilo

---

67 «Por Dios.» *[N. del T.]*
68 «Como cierto por haber sido creado.» *[N. del T.]*

VI. La posición metafísica fundamental de Descartes...

conductor se *afianza* de una nueva manera, la dominabilidad de la entidad de lo ente se asegura ahora fundamental y definitivamente en todos sus aspectos. Cfr. *Meditationes* V y VI: res extensa; *extensio* y *mathesis*.

3. ¿Qué prefiguraciones resultan con esto para la metafísica posterior?
a) Se ha creado el presupuesto para extraer lo *transcendental* del «*yo pienso*», y en general para la determinación del ens qua ens desde el *ego* (cfr. Leibniz, *Monadologie*)[69];
b) se ha vuelto a *hacer más hondo* el dominio del hilo conductor. *Tabla del juicio* y lo que sigue después (esquematismo). «*Toda verdadera metafísica se ha obtenido preponderantemente de la esencia de la propia facultad de pensar.*»[70]
c) El idealismo alemán: concepto de la «ciencia» como saber absoluto de la autoconciencia absoluta con ayuda de la aclaración transcendental. La *Lógica* de Hegel significa la inclusión de toda la metafísica en un «yo pienso» que al mismo tiempo es ahondado, en la ratio, en la razón como espíritu absoluto.

4) ¿Qué relación hay con Platón y Aristóteles? La entidad de lo ente (ἀλήθεια – ἰδέα), habiéndose convertido ahora en veritas como certitudo, es referida al yo porque por medio de este la *objetualidad* está determinada de antemano. La ἰδέα pasa a ser idea; el νοούμενον pasa a ser perceptum; ψυχή pasa a ser ego cogito; ἀλήθεια pasa a ser ὁμοίωσις, y la veritas pasa a ser certitudo. Solo ahora aparece el *idealismo* en el sentido de que el estar avistado se determina como estar representado por el «*yo represento*», «*yo percibo*», *ego percipio* (eso ha pasado a ser el νοεῖν).

---

69 Gottfried Wilhelm Leibniz, *Monadologie*, 1720.
70 Immanuel Kant, «*Vorrede*» a *los Metaphysische Anfangsgründe der Naturwissenschaft*, A XIII.

54. La posición metafísica fundamental de Descartes

Esto es algo totalmente distinto de la ἰδέα, a pesar de su referencia a la ψυχή y al ζυγόν, aunque todo lo actual ya fuera dispuesto por Platón. Pero el «estar avistado», en cuanto entidad, todavía sigue enraizado en la ἀλήθεια –estando ella misma infundada–, y no viene ni bajo la responsabilidad ni a la disposición de un «*yo pienso*» que depende puramente de sí mismo. (Cfr. sobre el idealismo los «Ejercicios» del semestre de verano de 1937.)[71]

Añadido: el idealismo nunca lleva a cabo la derivación de lo ente mismo desde el yo, sino que, justamente porque la entidad pasa a ser «estar representado», el idealismo representa «solo» el origen de la entidad a partir del «yo represento». Ahora, a la inversa, el realismo (una vez que lo real, habiendo sido antes lo universale, ahora ha pasado a ser = singulare existens: nominalismo) es el intento de la explicación causal de la entidad desde lo ente; en sí mismo, esto es algo del todo imposible, pero también el idealismo es ahora necesariamente equívoco:

El discurso suena así, e incluso a menudo, sin darse uno cuenta, se piensa que dice eso, como si lo ente mismo surgiera del yo. Y el «yo» mismo es equívoco, en cuanto finito y al mismo tiempo in-finito (por un lado, en cuanto transcendentalmente condicionado, es *incondicional*, pero, al mismo tiempo, qua *humano* [creatum], es condicionado).

Pero el motivo de todas las dificultades es la diferenciación incontrolada entre entidad y ente, una diferenciación que ahora, con el idealismo, se vuelve cada vez más apremiante y al mismo tiempo más incuestionada. Pues ella tiene como base, de una forma incontrolada y, sobre todo, no intuida, la pregunta por la *verdad* de la diferencia del ser. (Cfr. más adelante, «Sobre D) 2)»: la *prioridad* de lo ente.)

---

71 Martin Heidegger, *Nietzsches metaphysische Grundstellung (Sein und Schein)*, GA 87.

VI. La posición metafísica fundamental de Descartes...

5) Ahora bien, en esta posición metafísica fundamental (la de Descartes) se hace también *visible la múltiple equivocidad*: por un lado, la *metafísica medieval*; todo se está resolviendo y sin embargo no se lo domina. (Mens como substantia cogitans creata, como *ego* cogito: subjectum. Deus como substantia infinita, y al mismo tiempo garantía *inmediatamente cierta* de la regla misma de la certeza.) *Por otra parte*, precisamente Descartes se considera el comienzo del pensamiento moderno claro y transparente y únicamente obligado a sí mismo: *dominio de la razón*. Así se considera a Descartes en la época del neokantianismo de todas las tendencias y de la fenomenología. *Pero injustificadamente*.

Sobre C)
Meditamos sobre la historia del tratamiento de la pregunta conductora con vistas al desarrollo de la pregunta conductora. ¿No es, pues, esta *«meditatio»* el *inicio* de la meditación sobre el tratamiento de la pregunta conductora (¡meditationes *de*!)? Es decir, ¿no es ya el propio *desarrollo de la pregunta conductora*? No, al contrario:
1. La *posibilidad* de la pregunta por la verdad del *ser* (entidad) está ahora más obturada que nunca porque la entidad es ahora lo más cierto, y no solo lo más conocido, como en la Escolástica.
2. La meditación sobre el *inquiriente* obtiene sin excepción el carácter de la *individualización* en el *«yo»* como *«sujeto»* (el ente determinante y normativo), y su segregamiento [frente a todo lo externo a él]. Además, justo aparece la tendencia contraria, lo que luego tiene que fundamentar y comenzar y, por tanto, llevar a cabo, el desarrollo de la pregunta conductora como *analítica del ser-ahí*: la superación de la «subjetividad», del planteamiento del «yo» para sí mismo, es más, de toda antropología en cuanto hilo conductor determinante.
3. La meditación sobre la *esencia de la verdad* resulta ahora definitivamente minada en su posibilidad porque ahora la veritas, que de todos modos no es ella misma más que rectitudo, está determinada desde la certitud. Comienza el *encerrarse* en el «yo»,

54. La posición metafísica fundamental de Descartes

en el estar representado y en la representabilidad de su «yo represento», y luego continúa a lo grande en la «subjetividad» absoluta del idealismo alemán.

4. La *prioridad* (dispuesta ya en el primer comienzo) *de lo ente* sobre la entidad (que al ser un añadido implica un a priori) pasa a ser ahora la prioridad de lo *objetual*, lo cual significa un *alejamiento aún más esencial de la verdad de la diferencia del ser.* De esta forma, en esta posición metafísica fundamental y, por tanto, al inicio del pensamiento moderno, *no* se realiza el *desarrollo de la pregunta conductora*, ni el planteamiento para la superación del primer comienzo y sus consecuencias, sino que, por el contrario, se produce incluso una *conmoción de la pregunta conductora* y, por tanto, la *imposibilidad de su superación*. Al contrario: Descartes y los que le siguen caen cada vez más bajo un poder suyo asumido sin más, y en un desplazamiento cada vez mayor del pensar hacia fuera del ámbito de dominio del primer comienzo en sus albores; obturación creciente de la filosofía griega misma, a pesar de Leibniz y Hegel.

Cada vez es mayor el riesgo de confundir el pensamiento cartesiano y el moderno con lo que el desarrollo de la pregunta conductora y el otro comienzo quieren y tienen que hacer.

A pesar de esto, hay planteamientos y perspectivas de nuevas posibilidades, aunque no desarrolladas: la metafísica de Leibniz.

Sobre D)
¿Qué resulta para el desarrollo del hilo conductor?
Al margen de todo lo que se hizo claro con el realzamiento del *hilo conductor* expresado en una fórmula: entidad y pensar, y con la transformación de la entidad en objetualidad, aquí se hace especialmente claro:

1. Que la entidad misma, en cuanto tal, exige todavía una *fundamentación*, y concretamente en un ente privilegiado, en una *causa prima*. Cfr. *Meditatio* III. Cómo esta relación está pre-

VI. *La posición metafísica fundamental de Descartes...*

figurada en Platón y Aristóteles: ἀγαθόν – οὐσία δημιουργός – ὄν / ἕν / θεῖον, y luego esto se cristianiza: Deus: summum ens como ens entium.[72]

2. Por tanto, desempeña una función fundamental la *diferenciación* entre entidad y ente, una diferenciación que aunque es empleada, no pasa a ser, sin embargo, objeto de meditación. Cfr. arriba, «Sobre A) 4)». (Esta diferenciación se formuló en *Ser y tiempo* como «diferencia ontológica», como aquella diferenciación en la que se basa la posibilidad y la necesidad de la ontología (tratamiento de la pregunta conductora).) Con esta diferenciación guarda relación el carácter de *a priori* como determinación de la entidad. ¿En qué se fundamenta el «a priori»? En la prioridad de lo ente sobre la diferencia del ser. (Cfr. *Sobre el acontecimiento*, «Cesión».)[73]

3. Resulta claro que la interpretación de la entidad de lo ente conlleva muy internamente la concepción de la verdad en general. Conforme al tratamiento de la pregunta conductora, queda indeterminado si se trata de la verdad del ser o de lo ente. En Platón, la ἀλήθεια misma es, de forma muy incipiente, la esencia de la entidad.

4. De aquí resulta que también la *concepción del hombre* mismo y la interpretación de su esencia siempre son *determinantes* para o están determinadas por el modo de tratar la pregunta conductora. *Ser yo* – autoseguridad – certeza de salvación – *libertad* de la razón – modernidad.

5. La función que desempeña el *giro*. ¿Cómo se produce el salto a la certeza fundamental? Y desde ahí:
   a) conducción,
   b) regula generalis, y con ayuda de ella, al mismo tiempo, algo como fundamento para ella.

---

72 «Dios: ente supremo, como el ente de los entes.» *[N. del T.]*
73 Martin Heidegger, *Beiträge zur Philosophie*, GA 65, pp. 169-224, sobre todo pp. 222 ss.

B.

Sobre la posición metafísica fundamental de Descartes

Cfr. las diversas lecciones desde 1928. Elementos esenciales en *Ser y tiempo*. Grupo de trabajo sobre las *Regulae* de 1939.[74] Cfr. anotaciones al texto.

55.

De la veritas a la certitudo

Condición preliminar es que la «certeza», el estar cierto del hombre o de sí mismo, el estar asegurado de su ser como diferencia, y no solo la certeza del juzgar y del conocer, se han vuelto metafísicamente *esenciales* en cuanto a la posición del hombre en medio de lo ente y respecto de este.

Eso sucedió en el cristianismo: aquí es decisiva y esencial la salvación del alma propia, si y cómo cada individuo puede estar seguro de ella. De una forma muy marcada, esto se daba en San Pablo y en San Agustín, y de este modo en la Reforma.

Así pues, no se trata de que Descartes considere *también* conjuntamente la certeza como modo de saber el saber y su objeto sabido. Eso ya sucedía en lo griego, y sobre todo en la estoa y con los escépticos.

---

[74] Previstas para su publicación en *Zur Metaphysik – Neuzeitlichen Wissenschaft – Technik*, GA 76.

VI. *La posición metafísica fundamental de Descartes...*

Si en Descartes lo verum pasa a ser lo certum, con eso no se quiere decir solo que haya que enfatizar la certitudo como de igual valor *al lado de* la veritas, sino que desde la certitudo y por medio de ella hay que determinar primero qué sea y tenga que ser lo verum y, por tanto, qué sea y tenga que ser el *ens* qua ens. Ahora la certitudo no es solo un método de protección de lo verdadero (correcto), sino que pasa a ser una prefiguración de la esencia de la verdad. Se produce la transformación de la rectitudo en certitudo. Por eso la certitudo tampoco es solo fiabilidad y firmitas del conocer, sino, sobre todo y propiamente, *seguridad* de la ratio como tal en cuanto a su ser sí misma y a la facultad de sí misma. Se erige su dominio autónomo. ¿Y de dónde y por qué viene esto? El motivo de ello hay que buscarlo en la historia de la metafísica, en la posición prioritaria de la pregunta por la *seguridad* y la salvación, mediante la cual, dentro de la verdad auténtica, divina y revelada y del comportamiento hacia ella (fides), se llega finalmente a que la fides quae se ponga por detrás de la *fides qua*, de la *fiducia*.[75]

Ahora bien, aunque la *ratio* siempre se consideró conjuntamente al lado de la fides y de forma diferente, sin embargo, en último término, siempre permaneció sostenida y asegurada por el *haber sido creada*, por su procedencia de Dios y su *inclusión* en la fe en cuanto conocimiento supremo y auténtico. Pero en el momento en el que, por diversos motivos, esta ratio trató de depender de sí misma y se separó de la fides sin entrar ya de inmediato en oposición con ella, esta ratio, con arreglo a su separación de *aquel ámbito de certeza de la fe*, tuvo que asegurarse más que nunca de sí misma; es más, tuvo que asegurarse *por medio de sí misma*, y reivindicar la autoseguridad como esencia suya. Con ello se llevó a cabo una nueva interpretación de la *lumen naturale*.

---

75 *Fides quae*: «tener fe en algo», «la fe que se cree», el «credo»; *fides qua*, *fiducia*: «dar fe de algo», «la fe por la cual se cree», «la garantía de la fe». *[N. del T.]*

56. Certeza

Y así quedó bloqueado el camino para regresar a aquella gran inmediatez del νοεῖν griego porque en medio estaban la experiencia y la concepción cristianas del hombre y la pregunta por la certeza.

Ahora se trata de hacer que la ratio dependa de sí misma, y esto significa: erigir la ratio, como el «*ego* cogito» mismo, en el tribunal de la veritas y del ens. ¿En qué medida? Regula generalis: 1) Regula (metódicamente); 2) generalis. Pese a ello, *también aquí* se sigue dando la necesidad de aseguramiento de la lumen naturale como ens creatum (a Deo) (*Meditatio* II). Esto es el reflejo de la procedencia de la certitudo. Cfr. la conclusión de la *Meditatio* V. Pero en tal medida, y a pesar de la *Meditatio* II, aquí se produce el dominio de la ratio porque mediante la *ratio* se obtiene la certeza sobre el summum ens, sobre el infinitum, y el vaciamiento formal (prefiguración de lo «absoluto», de lo incondicional del idealismo alemán). Cfr. «La posición metafísica fundamental de Descartes. Sobre C)». (Descartes *Opera* VII, pp. 144 ss.)[76]

56.

Certeza

En el sentido de la simple conciencia de lo sabido, [la certeza] se trató ya en la Antigüedad, en los escépticos, y por consiguiente también en San Agustín. Entonces ya estaba acoplada a la pregunta por la salvación. Cfr. *Contra Academicos, Soliloquia*.[77] Pero

---

76 *Œuvres de Descartes*, vol. VII: *Meditationes de prima philosophia*, París, 1904, *Secundae Responsiones*, pp. 144 ss.

77 San Agustín, *Contra Academicos XX*, en *Patrologiae Cursus Completus*, Series Latina, edit. por J.-P. Migne, París 1861-1862, vol. 32; San Agustín, *Soliloquia* VI, 12, en *Patrologiae Cursus Completus*, vol. 40.

VI. La posición metafísica fundamental de Descartes...

todo esto, sin embargo, es fundamentalmente distinto de la certeza del yo de Descartes, aunque también este se halla determinado por el agustinismo. Oratorium; cfr. Jansenius, *San Agustín*.[78]

57.

¿QUÉ PREPARA LA CONVERSIÓN DE LA VERITAS EN CERTITUDO?

1. La *certeza de salvación de la doctrina cristiana*, la certeza sobre la iustitia (justificación) y la bienaventuranza futura. Cfr. *Apologia* IV § 40,[79] non diligimus, nisi *certo* statuant corda, quod donata sit nobis remissio peccaturum.[80] Concilio de Trento VI & IX,[81] nullus scire valeat certitudine fidei, cui non potest subesse falsum, se gratiam dei esse consecutum;[82] certitudo fidei. Si y de qué modo cada alma particular puede estar segura de su destino y su ser. Con ello se establece la referencia de lo verdadero al individuo particular: si lo verdadero *es válido* también para *mí*. (Praedestinationis – reprobationis) cfr. la *Re-*

---

78 Cornelius Jansenius, *Augustinus seu doctrina Sancti Augustini de humanae naturae sanitate, aegritudine medicina adversus Pelagianos et Massilienses*. París, 1641.

79 *Die Bekenntnisschriften der evangelisch-lutherischen Kirche. Herausgegeben im Gedenkjahr der Augsburgischen Konfessions 1930*, Gotinga, Vandenhoeck & Ruprecht, 1930, p. 183.

80 «No amamos a no ser que nuestros corazones establezcan *firmemente* que se nos ha dado el perdón de los pecados.» *[N. del T.]*

81 *Canones et decretes oecumenici concilii tridentini sub Paolo III, Iulio III, et Pio IV Pontificibus maximis cum patram scriptionibus. Romae in collegio Urbano de propaganda fidei*, 1884, C. VI y IX.

82 «Nadie puede saber con la certeza de la fe, de la que no cabe suponer falsedad, que ha alcanzado la gracia de Dios.» *[N. del T.]*

forma. Fides como fiducia, propositorum divinum de salute humana.[83] Fiducia como evidentia del ego que se libera a sí mismo. Confianza. Así se ha preparado una acentuación de la *certitudo.*

2. En el momento en el que el hombre *pasa a depender de sí mismo* en el ámbito de la ratio, renunciando así a la *garantía* de la *fe, es sobre todo entonces cuando* la *certitudo* tiene que hacerse objeto de pregunta.

Es más: tiene que hacerse objeto de *la* pregunta por antonomasia, de modo que la *veritas* queda retomada en ella. Dicho más exactamente: en un primer momento, y de modo correspondiente a como sucedía con la *fides,* ahora se busca y se exige solo la *certitudo* de la *ratio* (ens). Pero ([Manuscrito] E 1):[84]

3. La verdad como rectitud pasa a ser ahora *rectitud* como *validez.* Y el ser verdadero pasa a ser el valer, el ser válido.

58.

LA CERTITUDO
EN TOMÁS DE AQUINO

Certitudo nihil aliud est quam *determinatio* intellectus ad unum[85] (liber Sent. III, dist. 23).[86]

---

83 «Fe como confianza en los propósitos divinos con la salvación humana.» *[N. del T.]*

84 Cfr. en este volumen, n.° 64.

85 «La certeza no es otra cosa que el determinarse del entendimiento a lo uno.» *[N. del T.]*

86 Tomás de Aquino, *Commentum in IV libros Sententiarum magistri Petri Lombardi.* Liber III, *distinctio* 23, en *Opera Omnia,* Parma, 1852 ss., vol. VII.1.

VI. La posición metafísica fundamental de Descartes...

Certitudo proprie dicitur *firmitas* adhaesionis virtutis cognitivae in suum cognoscibile[87] (ib. dist. 26). Cfr. Descartes, firma persuasio[88] VII, 144.[89]
Certitudo pertinet ad dignitatem scientiae[90] *(dignidad y validez)*, S. Tomás I. 1. 5. ob 1.[91]
Así es el «estado de saber»:
1. Estar fundamentado el enunciado   certitudo adhaesionis[92]
2. *Resolución* del atenerse firmemente   certitudo in haesiva estando este *seguro* de sí mismo.   (determinatio)[93]

«Seguridad»   – *fiabilidad*
el saber   – *el sapiente*
¿Qué anticipo, de qué *seguridad*?

59.

Descartes

La pregunta conductora en Descartes: quid est ens?, en ninguna parte se plantea expresamente como pregunta ni se responde, y por consiguiente, cuanto menos se plantea la pregunta conductora en cuanto tal, cuanto más obvio se nos vuelve entonces tam-

---

87 «La certeza se dice propiamente de la *firmeza* de la adhesión de la facultad de conocimiento a lo cognoscible por ella.» *[N. del T.]*
88 «Firme persuasión.» *[N. del T.]*
89 *Œuvres de Descartes*, vol. VII: *Meditationes de prima philosophia*, París, 1904, *Secundae Responsiones*, p. 144.
90 «La certeza conviene a la dignidad de la ciencia.» *[N. del T.]*
91 Tomás de Aquino, *Summa theologica*, vol. I, complectens partem primam, Parma, 1852, en *Opera Omnia*, Parma, 1852 ss. Quaestio I, Articulus 5.1: «*Certitudo enim pertinet ad dignitatem scientiae*».
92 «Certeza de la adhesión.» *[N. del T.]*
93 «Certeza de aquello a lo que se ha adherido. (Determinación)». *[N. del T.]*

bién el hallar la respuesta, tanto más llega a dominar el hilo conductor anunciado: νοῦς – λόγος – ratio – intellectus: el pensamiento.

El énfasis nuevo y esencial (no solo en cuanto al grado y al alcance) que este dominio cobra en Descartes, la autocerteza y la fuerza prefigurativa de la ratio, es la prueba más fuerte de que ha seguido exigiéndose la pregunta conductora, y es el auténtico motivo por el que, al margen del título de las *Meditationes de prima philosophia*, en ningún sitio se trate de una «teoría del conocimiento».

Más bien se trata de ver qué significa que, por un lado, se siga manteniendo la metafísica tradicional (substantia), mientras que, por otro, esta substantia pase de ser subjectum a ser «sujeto».

La ἀλήθεια, que también era καὶ ὄν e ἰδέα, «estar avistado» en cuanto tal, interviene ahora en la certitudo, pero en sentido inverso. Lo ente ya no se interpreta como φύσις *a partir de él mismo*, sino *hacia él mismo* en cuanto objeto.

60.

Descartes

Pregunta conductora: ¿qué es lo ente en su entidad? El *método* de la pregunta conductora [es ahora] el pensar (entidad y pensar). *¿No ha desaparecido en Descartes la pregunta conductora?*

Después de todo, en ninguna parte de las *Meditationes de prima philosophia* se pregunta: «Quid est ens?».[94] En efecto: esta pregunta no se encuentra. Dicho más exactamente: no se pregunta expresamente en esta forma. Y, sin embargo, todo el pensamiento se mueve por completo en la órbita de la respuesta a la

---

94 «¿Qué es el ente?» *[N. del T.]*

VI. La posición metafísica fundamental de Descartes...

pregunta conductora. La pregunta conductora es tan evidente que ya no se plantea, y da la impresión de que está comenzando algo totalmente distinto.

Y sí que comienza algo distinto, solo que *eso [que empieza aquí] es* el seguir alejándose del comienzo y de su tarea, pero *dentro de* las posibilidades puestas por aquel. En las *Meditationes* se busca el fundamentum absolutum inconcussum.[95] El ὑποκείμενον (οὐσία), entidad, subjectum, pasa a ser el «yo pienso», y lo pensado *por él* es lo perceptum: lo certum, es decir, lo verum, es decir, el ens qua ens.

La pregunta por el ser en cuanto pregunta conductora no se pregunta, pero la respuesta a ella se da dentro de su órbita. La pregunta conductora no ha desaparecido, sino que, al contrario, es más poderosa que nunca porque es respondida *sin haber sido preguntada*, y en ello reside su fatalidad. *La substantia pasa a ser subjectum como sujeto.*

Quid est ens? *Substantia.* Y sin embargo, con el «ego cogito» como subjectum comienza una modificación. Lo ente pasa a ser lo representado en cuanto tal: perceptum. Lo ente pasa a ser objeto, y la entidad pasa a ser *objetualidad*, pero con *las mismas categorías*. Conforme a la regula generalis, la substantia se toma ahora como lo *perceptum.* Substantia (finita), ens per se (ab alio). Substantia infinita ens a se, y por eso, per se.[96]

El ego es ens per se. El esse pasa a determinarse como cogitare, y concretamente per se: *percipiens.* El ego como cogito pasa a depender de sí mismo, y el *finis ratio*, en cuanto tal, es la *libertas.*

La pregunta conductora domina aquí su hilo conductor, el *pensar*, hasta tal punto que ella, en cuanto ego y en cuanto subjectum, pasa a determinar al sujeto, y de este modo al objeto.

---

95 «Fundamento absoluto firme, sin duda ni contradicción.» *[N. del T.]*
96 «Substancia infinita por su esencia, y por eso, por sí misma.» *[N. del T.]*

61.

¿QUÉ SIGNIFICA METAFÍSICAMENTE LA CONVERSIÓN DE LA VERITAS EN CERTITUDO?

¿Qué significa metafísicamente la conversión de la veritas en certitudo, es decir, qué significa para la *realización de la pregunta conductora* y, por tanto, para las determinaciones de lo ente en cuanto tal? En todo caso, lo contrario de un *desarrollo* de la pregunta conductora; más bien, el afianzarse en el «pensar» como hilo conductor de la interpretación de lo ente en cuanto tal (cfr. Kant).

El «pensar» no es derogado como tribunal. Por el contrario, queda afianzado en el «*yo* pienso», y el «yo» queda como lo propiamente sapiente al modo de la mathesis. El «yo» es determinado expresamente desde el *cogito*: ¡el *subjectum*! Y porque este «yo», el hombre, se afirma y se asegura como el ego, por eso hay una *prioridad* del «método» sobre lo ente, y así este pasa a ser «objeto», es decir, que ahora lo ente pasa a ser, primero, objeto.

«Entidad»   –   «*substantia*» como «subjectum» ego
↓   ↓
concepto kantiano de «naturaleza»   monas de «*Leibniz*»

62.

Regula generalis

Meditatio III: el *recte percipere* y la persuasio veritatis,[97] cfr. *Opera* VII, pp. 144 s.[98]

Quod cum ratione optamus (!) optare licet.[99] Lo que podemos desear *racionalmente* en cuanto a *certeza*. Certitudo: si quae habeatur, sit tantum de eis, quae clara ab intellectu percipiuntur.[100]

Experiencia fundamental: lo que es lícito desear y exigir en cuanto a *lo que se puede saber racionalmente*.

Cfr. más adelante. El criterio para establecer el criterio de la certeza, la seguridad, es la *ratio* misma. No hay que buscar más allá de aquello que es evidente sin duda.

Certeza de una cosa significa que se está seguro de ella, es decir, de que es de tal y cual modo; y certeza de un *hombre*, estar seguro de él, significa que se puede confiar en él.

Estar seguro, estar cierto de algo, es saber el ser verdadero algo; es tener un conocimiento, es decir, inteligir, *entrever* el *fundamento de ello y* su *estar fundamentado*. Disponer libre y completamente sobre el *saber* en cuanto tal.

Certeza es el modo de la *tenencia* de la verdad (su *custodia*); la custodia de la rectitud del representar. (La «verdad» puede perderse, puede *escurrirse*, en la medida en que no se la domina desde su fundamento.) Pero al mismo tiempo se da su inversión:

---

97 «El percibir correctamente y la persuasión de la verdad.» *[N. del T.]*
98 *Œuvres de Descartes*, vol. VII: *Meditationes de prima philosophia*, París, 1904, *Secundae Responsiones*, pp. 144 s.
99 «Es lícito desear lo que deseamos con la razón.» *[N. del T.]*
100 «La certeza, si se tiene, que sea solo de las cosas que se perciben claramente con el entendimiento.» *[N. del T.]*

asegurarse «*a sí*», *al representante, por medio de lo representado*, de que la rectitud del representar del «ego» representante está establecida, y de que *lo está conforme a sí misma*.

¿Qué es la *verdad*? Que sea *tenida* y que su tenencia sea esencial. *Rectitud, regirse, dirigirse hacia* (por decirlo así, alejándose de «*sí*», del representante).

El modo de la *tenencia*, es decir, representar el representar y lo por él representado. «Tenencia» como «yo» tengo, y eso como «*ser yo*». La certeza como modo de tenencia de la verdad pasa a ser, ella misma, *esencia* determinante y normativa *de la verdad*. En ello, la *verdad* es siempre *rectitud del representar*.

63.

Certeza

La veritas como certitudo es la rectitud del representar del representante, la rectitud del propio que *se rige*; y por eso el yo, el representante, pasa a ser el «subjectum» (ὑποκείμενον) en el que se basa toda rectitud. ¿Y qué significa esto si la *verdad* determinante («auto»-certeza, certeza «de sí mismo») *pasa a ser* la «claridad y distinción» de la perceptio? El criterio y la norma es el «tenerse», es decir, la claridad y rectitud del «ser consciente de sí». ¿Y con arreglo a qué se mide este?

¿Qué «ego»? Como *indubitabilidad*. ¿Qué es *indubitable*? Me cogitare, *me esse*.
1. Mathesis.
2. «singulare» como «*reale*».
3. ἰδέα, por eso también a lo individual *en cuanto tal*: a) la *ampliación*; b) la *subjetivización*: perceptum. Se ha sepultado la posición fundamental griega, pero el material conceptual sigue estando ahí.
4. la fe cristiana dice que Deus es creator, y que el hombre es ens finitum.

VI. La posición metafísica fundamental de Descartes...

64.

Verum, certum, perceptum

Verum (Tomás de Aquino) id, in quod tendit intellectus.[101] ¿Qué tendere? Percipere como ego percipio, y este ego como el «yo» que se quiere afirmar y asegurar mediante aquello que se le vuelve alcanzable a través de su proceder y sus facultades. Percipere en lugar de fides (quae in innituitur veritati divinae quae est infallibilis).[102]

El «ego» percipio se toma en el sentido *de la mathesis* (cfr. *Regulae*), como criterio y norma y como espacio de la *rectitud* en cuanto certeza.

Certum: lo clare et distincte perceptum. Además, lumen naturale, es decir, ab intellectu exhibitum.[103]

Aunque a Deo nobis datum,[104] sin embargo, está tomado *en sí mismo* y depende de sí mismo. El intento de averiguar adónde y qué lejos llegamos con ello, nos muestra que solo llegamos hasta ahí de donde partimos; hasta el ego, hasta su dominio como servidumbre frente a la falta de finalidad.

Certitudo: regula generalis. ¿En qué se basa ella? ¿Es ella misma evidente? No (cfr. arriba). Es *racional*. Pero ¿son la racionalidad y la evidencia racional una garantía?

Lumen naturale: solo si *verum* a Deo nobis datum.[105] ¿Cómo debe acreditarse esto? Si esto es posible, entonces justamente solo en el sentido y en el modo de la regulae generalis.

---

101 «Verdadero es aquello a lo cual tiende el entendimiento.» *[N. del T.]*
102 «La fe que se apoya en la verdad divina es infalible.» *[N. del T.]*
103 «Cierto es lo percibido de forma clara y distinta. La luz natural es arrojada por el entendimiento.» *[N. del T.]*
104 «Aunque nos es dado por Dios.» *[N. del T.]*
105 «Solo si lo verdadero nos es dado por Dios.» *[N. del T.]*

64. Verum, certum, perceptum

Ens infinitum: cfr. *Meditatio* III y conclusión de V.

Así pues, después de todo, la *racionalidad* es el principio fundamental. ¿No lo es Dios? ¿O no es, después de todo, el *ens creatum* la determinación fundamental del *ego*? *En efecto.* Pero ella se pierde. ¿Y qué aparece en su lugar? La pura confianza en la *razón* misma, y de este modo su dominio vuelve a incrementarse. ¿Igual que sucede con los griegos?

VII.

LA POSICIÓN METAFÍSICA FUNDAMENTAL DE LEIBNIZ[106]

---

[106] Cfr. Leibniz, *Monadologie*, Seminario del semestre de invierno de 1935-1936 (será publicado en *Seminare: Leibniz – Kant*, GA 84) y las lecciones desde el semestre de verano de 1928.

65.

Leibniz

Leibniz representa una posición *singular* y, en cierto sentido, él mismo lo sabía (cfr. Descartes, *Meditationes*). [Por estos dos motivos: *(N. del T.)*]
   a) por su nueva valoración de los antiguos y de la «Escolástica»;
   b) por la atención esencial que presta al nuevo saber de la naturaleza: la física matemática y la biología.

Pero su posición histórica va mucho más lejos, más allá de Kant y del idealismo alemán, llegando hasta *Nietzsche*: *voluntad de poder* (fuerza) y *perspectivismo*. Pese a todo, Leibniz se mantiene en todo momento en el ámbito del tratamiento de la pregunta conductora, y queda esencialmente determinado por el planteamiento cartesiano. Su valoración de los «antiguos» no es original. La meditación histórica sobre *las dos posiciones metafísicas fundamentales de Leibniz y de Nietzsche* es importante para la aclaración y para la suspensión del tránsito al otro comienzo.

Solo quien haya comprendido la esencia ontológica de la vis primitiva activa de Leibniz podrá tratar de comprender metafísicamente la «voluntad de poder» de Nietzsche, advirtiendo en ello hasta qué punto justamente esta metafísica es el final, la consumación de la metafísica habida hasta entonces.

Al mismo tiempo, aquí se hace clara la conexión interna entre vis, percipere, appetitus y veritas, identitas.

[Los dos planteamientos fundamentales de Nietzsche en los que se aprecia la repercusión de Leibniz son *(N. del T.)*] *la voluntad de poder y la «verdad»* en cuanto lo fijado de una determinada perspectiva.

VII. La posición metafísica fundamental de Leibniz

Desde aquí se aprecia hasta qué punto el concepto de verdad de Nietzsche queda apresado por completo en la «lógica», y cómo en todo su pensamiento llega a su final una ley consecuente interna de la filosofía moderna.

66.

LA POSICIÓN METAFÍSICA FUNDAMENTAL DE LEIBNIZ

1. ¿Qué tratamiento [hay en él] del hilo conductor? ¿Cuál es el hilo conductor y la determinación de la entidad?
2. ¿Qué muestra la meditación sobre esta posición fundamental que desarrolla el hilo conductor?

Aunque él decía tenerlo todo *«claro»*, y tal como su interpretación estaba planteada inicialmente, Leibniz es aquel pensador que, *dentro de* la tradición de la filosofía occidental, emprendió por vez primera el decisivo empuje hacia delante para hacer visible toda la enigmaticidad de lo ente en cuanto tal. Pero, justamente en él, el apresamiento en la tradición es más vivo y más rico que en ninguna otra parte:

de la Antigüedad: en *Platón* y *Aristóteles*.
de la Edad Media: en *Tomás de Aquino* y en el nominalismo.
de la Edad Moderna: en *Descartes* y el cartesianismo.

Ante Leibniz fracasan los usuales modelos que podamos tener preparados para las posiciones fundamentales de la metafísica, y sin embargo él queda apresado por entero en la metafísica.

Que su pensamiento tenga una pluralidad de capas obedece a diversos motivos. El motivo esencial radica en que su posición fundamental está resquebrajada de muchas formas, de modo

66. La posición metafísica fundamental de Leibniz

que dicha posición fundamental solo podemos trazarla –sin violentarla– en cierta medida partiendo de su interpretación monadológica de la entidad de lo ente. Es decir, no de un *procedimiento* y un cuestionamiento, sino, de modo distinto a como hicimos con Descartes, de su «resultado». El resquebrajamiento múltiple de la posición fundamental debe significar aquí que también para Leibniz la entidad está tomada al hilo conductor de la perceptio, del pensamiento, pero la perceptio misma no está planteada simplemente en su pertenencia al ego, ni esta pertenencia está planteada como la primera certeza, sino que el *ego percipio*:

1. está desarrollado en sí más originalmente como el auténtico ὑποκείμενον, la substancialidad;

2. *y a esta, a su vez, se la ha vuelto a encontrar en cada ente en cuanto tal*, concretamente en grados diversos; de modo que, por consiguiente, no hay solo el yo –res cogitans– como contrapartida a la res extensa (con lo que la doctrina tradicional de las substancias se quedaría como estaba), sino que más bien el perceptum percipere se toma como monas, y a partir de él se llega al phaenomenon.

3. De ahí surge aquel doble rostro, que le pertenece esencialmente, de toda la posición fundamental (equivocidad de la repraesentatio).

Pero, en primer lugar, hay que captar qué es lo que Leibniz entiende por *la entidad de lo ente*, y para eso hay que pensar previamente que Leibniz *rebasa* a la filosofía cartesiana, y eso significa que la *presupone* en cuanto a la salida a partir del yo cogito, y la presupone a pesar de, es más, justamente *para* todas las posturas *contrarias* a ella. Así se da la circunstancia de que en Leibniz *volvemos a ver con mayor claridad* la pregunta conductora en su forma inicial, la pregunta por el ens qua ens, que ya no está tan escondida en la pregunta por la *certeza*, como sucedía en Descartes.

VII. La posición metafísica fundamental de Leibniz

Aun cuando los títulos de *Monadologie*[107] y *Discours de métaphysique*[108] no proceden de Leibniz, el modo como él pregunta hace ver en todo momento que lo esencial para él es lo que se dice en el título de aquel pequeño tratado que, temporalmente, queda en medio de aquellas «obras» principales: *«De primae philosophiae emendatione et de notione substantiae».*[109] «Acta Eruditorum», 1694 G IV 468-470.[110]

[Este título significa:] Acerca de la filosofía primera, la pregunta τί τὸ ὄν, y concretamente acerca de su «corrección», de su «enmienda», que para Leibniz es esta: sacar la πρώτη φιλοσοφία de su estado de ζητουμένη, para su propia *realización*. Pero ¿cómo sucede esto? *«Et de.»* Si traducimos esto, eso significa por el camino a través del tratado del saber de la substancialidad de la substancia, es decir, de la entidad de lo ente. *Entidad* es οὐσία, ὑποκείμενον, y concretamente como *entidad* de lo que subyace reposando en sí mismo como fundamento, lo que se basa en sí mismo, lo que está en sí. Pero entretanto, el ὑποκείμενον como subjectum está *hallado en el ego cogito* o, mejor dicho, está *planteado* pero *sin* estar *propiamente* desarrollado (cfr. más adelante 3 a).

En Leibniz encontramos suficientes de aquellas meditaciones que tienen *aquel* carácter que, nuevamente, vuelve a indicarse en un pequeño tratado y en su título: «*Meditationes de cognitione,*

---

107 Gottfried Wilhelm Leibniz, *Monadologie*, 1720; en *Die philosophischen Schriften von Gottfried Wilhelm Leibniz* [citado como G], editado por C. J. Gerhardt, 7 volúmenes, Berlín 1875-1890 [reimpresión en Hildesheim, 1961], vol. VI.
108 Ídem, *Discours de métaphysique*, 1686; en G, vol. IV.
109 «De la corrección de la primera filosofía y de la noción de substancia.» *[N. del T.]*
110 Gottfried Wilhelm Leibniz, *De primae philosophiae emendatione et de notione substantiae*, 1694; en G, vol. IV, pp. 468-470.

66. La posición metafísica fundamental de Leibniz

veritate et ideis»,[111] 1684[112] (cfr. *«Quid sit idea»*[113] [G VII, pp. 263-264][114] y *«Nouveaux Essais»*);[115] por consiguiente, *estas* «Meditationes» no determinan su procedimiento, toda vez que, al fin y al cabo, la gradación de la cognitio ideis se concibe desde la «unidad» y su presencia [cfr. más adelante 3 b)], y además desde la «unidad» como totum simul praesens;[116] de manera correspondiente se concibe también la perceptio. No lo *pueden* determinar porque la interpretación de la substancialidad de la substancia como *monadidad* exige aquel doble rostro que, ciertamente, no está concebido en su *unitariedad*, y que desde Leibniz jamás puede fundamentarse ni reconducirse a un fundamento más profundo (ser-ahí).

Primeramente, caractericemos la monadidad de las mónadas en una mera enumeración.

1. Lo esencial es *que* la substantia no solo es denominada como *monas*, sino que se la concibe como tal. ¿Cómo debe traducirse la palabra de forma suficientemente atinada? La *unidad*, «la mónada», lo *unitario*. *Uni-tario*: determinado por completo por la *unidad*. Lo *conforme a uno* en su irradiación de unidad, lo unitario. Pero ¿qué significa aquí lo uno y la unidad? En cualquier caso, ahora vuelve a primer plano el ἕν, de nuevo y propiamente hecho pregunta, como determinación del ὄν. Cfr. «Nota complementaria 9»; carta a Arnauld del 30 de abril de 1687[117]; carta a de Volder del 20 de junio de 1703.[118]

---

111 «Meditaciones sobre el conocimiento, la verdad y las ideas.» *[N. del T.]*
112 Gottfried Wilhelm Leibniz, *Meditationes de cognitione, veritate et ideis*, 1684, en G, vol. IV.
113 «Qué es la idea.» *[N. del T.]*
114 Gottfried Wilhelm Leibniz, *Quid sit idea*, 1678, en G, vol. VII, pp. 263 s.
115 Ídem, *Nouveaux essais sur l'entendement*, 1704; en G, vol. V.
116 «Todo presente simultáneamente.» *[N. del T.]*
117 Gottfried Wilhelm Leibniz, *Nouveaux essais sur l'entendement*, en G, vol. II, pp. 90-102.
118 Ibíd., pp. 248-253.

VII. *La posición metafísica fundamental de Leibniz*

2. ¿Qué es todo lo que se encierra en esta unidad de lo unitario?

a) La *simplicidad*, lo no compuesto (pero ¿compuesto por «uno»?), es decir, que la unidad no es consecuencia ni resultado, sino fundamento y comienzo.

b) Por tanto, *fundando originalmente unidad*, unificando, guardando la unidad, y concretamente desde sí, y por eso hacia *sí* y *para* sí y en sí: cuanto más elevada la unidad, tanto más profundo es el enraizamiento en la singularidad.

c) Por eso, lo simple es lo unificante y lo acordante, y lo que *enraíza en sí* y es *en cada caso* único.

d) Solo que la unificación porque *originalmente* se anticipa a todo está «referida» *al universo* incluyéndolo; está referida a eso que justamente por este motivo puede y tiene que llamarse así (¿cómo? Cfr. más adelante 3)): universo;[119] el universo está centrado en la unidad, y esta funda, por tanto, el *todo: el conjunto de lo ente*.

e) Por eso, lo que se individualiza «es» (equivocidad del «es»; cfr. más adelante repraesentatio) *en sí al mismo tiempo* el universo mismo: mundus. (Pero ¿cómo se da la «unidad», el ἕν, y la *comparecencia constante?*)

3. Pero ¿cómo es todo esto posible? ¿Qué carácter fundamental tiene entonces esta unificación y este acuerdo originales y simples, y qué «es», considerándola desde aquí, la *mónada* misma? Es re-pre-sentar, percipere. (Cfr. más adelante 4).)

a) El unificar es, en sí mismo, *re-pre-sentar*. ¿Qué significa esto? De mucho «en» uno *para* uno, y a la inversa: *el representar, repraesentatio, expressio, perceptio*. En eso consiste la esencia de la perceptio, y de modo correspondiente, la del «ego» (*perceptio nihil*

---

119 Universo significa etimológicamente «convertido en uno», «hecho uno». *[N. del T.]*

66. La posición metafísica fundamental de Leibniz

aliud est quam multorum in uno expressio[120] (G II, 311 [1706]).[121] *Porque*, de esta manera, Leibniz se aferra al «ego cogito» (perceptio), hasta el punto de que trata de tomarlo más originalmente como un unificar (¿por qué esto? ¡ἕν!), por eso llega a la interpretación *monádica* de lo ente. Cfr. sobre esto la *Monadologie* § 13 y 14. ¿*Envelopper* es entonces, pese a todo, un abarcamiento? Desde «fuera», no: lo que se quiere señalar es la diferencia con *Developper*, cfr. § 61. Aunque aún esté velado, ofrece sin embargo el representar entero, no desplegado, totum simul praesens. Envelopper es aquí, justamente, el re-pre-sentar que en cada caso despliega, pero finito.

b) Pero, a diferencia de Descartes, Leibniz concibe la perceptio de forma más original y, por tanto, más rica.

α) En primer lugar, determinada *por el unificar. Tender, ofrecer la unidad.*

β) Al mismo tiempo, eso implica que, justamente, la perceptio está *referida esencialmente* a eso que en cada caso está en la unidad de forma cada vez distinta, lo ente en su conjunto: *universum*. La perceptio no solo se representa a «sí», a la «unidad», a la *«in»-clusión* (en el sentido de la referencia unitaria) de lo ente en su conjunto, sino que está en esencia referida a lo ente en su conjunto, pero *en calidad de* lo re-pre-sentado (Descartes).

γ) En el re-pre-sentar, *en relación con* la unidad, es decir, con la *presencia*, percipere (idea), hay *sin embargo* no solo *diferencias*

---

120 «La percepción no es otra cosa que la expresión de muchos en uno.» [N. del T.]

121 Carta de Leibniz a Des Bosses del 11 de julio de 1706: «Cum perceptio nihil aliud sit, quam multorum in uno expressio, necesse est omnes Entelechias seu Monades perceptione praeditas esse, neque ulla naturae Machina sua Entelechia propria caret», en G, vol. II, p. 311. [«No siendo la percepción otra cosa que la expresión de muchos en uno, es necesario que todas las entelequias o mónadas estén provistas de percepción, y ninguna máquina natural carece de su entelequia propia.»]

VII. La posición metafísica fundamental de Leibniz

de claridad y distinción, sino adaequatio e intutitius *totum simul praesens*, la *unidad* suprema. El hilo conductor de la clasificación en grados del cogito – veritas – idea, se obtiene de otro modo: desde la entidad como unidad.

δ) Pero el re-presentar tiene sobre todo su *rasgo distintivo* en que lo re-pre-sentado es llevado expresamente *ante* el *yo* representante. El yo aparece como el «para qué» y como aquello «ante lo cual» se pone y está lo representado. Este re-pre-sentar es *ap*-perceptio y, por tanto, auténtica *re*-praesentatio, pero apperceptio no significa solo, como el nombre dice, que el yo esté representado conjuntamente como un añadido, sino que lo re-pre-sentado es referido *a* ello, al yo, *de retorno* a él y *hacia* él, con lo que, a la inversa, el ser-«yo» es determinado primero en su *esencia* como lo que unifica de entrada, como (simple) apperceptio: el representar-se: «-se» no solo ni primeramente como objeto, sino *para sí*, y solo *así* como objeto, como lo que «está enfrente».

ε) Este re-pre-sentar aperceptivo es el rasgo distintivo del *hombre* (lo que Descartes concibe exclusivamente como perceptio, es *apperceptio*, o como él mismo dice: cogito me *cogitare*) y, por eso, el hombre es el *lugar* donde el re-pre-sentar puede ser *re-presentado en cuanto tal*, y *junto con él, todo aquello adonde, de forma diversa*, permanece *referido* en cuanto unificante (por consiguiente, el único lugar donde es posible una *meditación* sobre el estar representado en cuanto tal, es decir, sobre la entidad).

ζ) *Porque* el representar, y *ahí donde* el representar, es *un representar-se* (cfr. *Monadologie* § 38), lo re-pre-sentado no seguirá siendo simplemente solo eso que percibe el re-pre-sentante, sino un representa*rse* lo re-pre-sentado como representado, es decir: puesto que representar es «unificar», será un re-pre-sentar *la unidad en cuanto tal*, y realizar la unidad como unidad, y *a la inversa* (cfr. más adelante). Pero la unidad es aquí unificación original, re-pre-sentar lo que se corresponde y pertenece mutuamente en cuanto tal, es decir, lo *idéntico* de la *identitas*. Re-pre-sentar es,

66. La posición metafísica fundamental de Leibniz

en calidad de tal unificar, identificar, concebir algo en su pertenencia a algo (connexio). La *unidad* se formula en la enuntiatio (λόγος), en el enunciado. Pero la *unidad* determina en cada caso al ente como el ente *que* es, le *acierta* en eso que es.

Siendo la entidad de lo ente, esta identitas es al mismo tiempo lo verdadero y la *auténtica verdad*, «*principium*», «verdades eternas», principio de contradicción, principio del fundamento: cfr. *De la esencia del fundamento*.[122] Cfr. «*primae veritates...*» y «*Discours de métaphysique*» §§ 8-12; sobre esto, *Monadologie* § 30.

La *inversión* de la referencia entre perceptio como apperceptio (reflexio) y el conocimiento de las verdades eternas (es decir, las determinaciones fundamentales de la *identidad* y de la racionalidad, del estar fundado), consiste en que, justamente, el saber de estas verdades, de la entidad *en cuanto tal*, necesariamente *nos* representa lo ente *en cuanto* lo representado a nosotros y *para* nosotros y por nosotros. Por eso puede decir Leibniz: por medio de y con base en el conocimiento de los principios, somos capaces de actos de *reflexión*, y eso significa más que solo mirar absortos al yo, más bien significa: gracias a que lo *representado* está representado *en cuanto tal*, [se es capaz de] liberarse de él y, «*alejándose*» *de él*, de volverse a aquello que *lo* determina conjuntamente (cfr. «Nota complementaria 11), a saber:

(1) El *yo* como «*yo represento*».

(2) El *fundamento de lo ente* en su conjunto, que al fin y al cabo es siempre lo representado, pero que solo es captable si lo tomamos expresamente *en cuanto* tal, en su unidad correspondiente y, por tanto, en su remitencia al ens *perfectissimum Deus* (universum perfectissimum, cfr. Descartes, *Meditatio* III. Aquí todavía está tomado solo «psicológicamente», sin desarrollar. En todo esto, y a diferencia de la *Meditatio* III de Descartes, hay referen-

---

[122] Martin Heidegger, «Vom Wesen des Grundes», en *Wegmarken*, GA 9, pp. 123-175.

VII. La posición metafísica fundamental de Leibniz

cias *más profundas* entre la perceptio como apperceptio y Deus). Ahora, con base en una perceptio desarrollada así como apperceptio, lo que determina es la ratio, el *anima rationalis*, el *esprit*; cfr. en Kant la razón, la facultad de los *principios, principios fundamentales*. Cfr. Aristóteles, *Analytica Posteriora*.

El hombre como *esprit* es el lugar donde lo ente en cuanto ente (l'être) se hace representable; y no solo el lugar en general, *sino que, al mismo tiempo* y por tal motivo, el hombre mismo es lo ente *determinante y normativo*. Aquí se puede llegar a saber qué significa entidad si se desarrolla en cuanto tal lo *perceptum* y, por tanto, la *perceptio* en la plenitud de su esencia, que hasta ahora solo éramos capaces de aclarar en un aspecto. Cfr. *lo que sigue*.

También para Leibniz ens = *perceptum del percipere*,[123] pero el percipere es más original, de modo que se llega a la interpretación monádica de la entidad, la cual, no obstante, permanece sujeta al hilo conductor del «pensar» y de su campo de visión (por tanto, *totum simul praesens* tiene pese a todo originalmente un sentido griego).

Pero porque la perceptio y, por tanto, el «pensar», son más originales, por eso tampoco la *«lógica»* es determinante para la interpretación de la entidad, igual que tampoco lo es la «metafísica», sino que, aunque *ambas permanecen*, son desplazadas desde un sentido más original (cfr. «De la esencia del fundamento»).

4. (Cfr. arriba, 3.) Este primer despliegue precedente de la esencia de la *unidad* como *unificación* original en el sentido del re-presentar, conduce necesariamente a una versión *más esencial* del representar *mismo* y, por tanto, a determinaciones de la monas, para cuyo perfilamiento *no* basta la designación de perceptio.

El representar, tomándolo en toda la plenitud esencial que hemos desarrollado precedentemente, no es un mero asumir lo

---

123 «Lo percibido del percibir.» *[N. del T.]*

que solo sale al encuentro, sino que *primero* es un arrojar delante, como un sacar afuera produciéndola, la unidad de lo ente en su conjunto. Esto es una *intervención* en el *universum*. Este re-presentar es en sí un *abarcamiento* (que representa manteniendo), un ir *más allá de sí* a una unidad respectivamente superior, pues en él está originalmente el representar del conjunto, aunque en cada caso solo en una unidad provisional y pre-cursora que *en cuanto a la posibilidad de despliegue* porta *en sí*, en cuanto tal, la remitencia a una unidad superior (cfr. más adelante). Por eso, el re-pre-sentar es *por sí mismo*, desde sí mismo en cuanto representar el universum, algo transitable, que se recorre hacia algo más allá de él, l'état passager. Algo que conduce *más allá de sí*, es decir, un tipo de realización, un *aspirar* a una unidad en cada caso superior (*comparecencia esencial*, pues ¿adónde se dirige el appetitus? Al universum, es decir, al mundus, es decir, a la *monas*) y, por tanto, al mismo tiempo, el despliegue de la multiplicidad original en él mismo. Cfr. *Monadologie*, §§ 11-16.

El *querer sobrepujarse*, y *concretamente como* percipiens, se extiende más allá de sí, pero no para salir de sí, sino al contrario, justo para regresar *a sí mismo* simplemente como lo que unifica originalmente. *Estar en sí*. La aspiración *no es una consecuencia*, ni menos aún un añadido al *percipiens*, sino su modo *correspondiente* de «ser». Pero no a la manera de dos «facultades»: «entendimiento» y «voluntad», por detrás de las cuales aún esté la «fuerza», sino que la *perceptio (experimentada ahora más esencialmente gracias al appetitus)*, el representar aspirando, no *es* otra cosa que la *vis*.

5. *La determinación de la monas como vis, y concretamente* como vis primitiva activa, no es otra cosa que la *simple* determinación esencial de lo simple mismo como el *representar aspirando* (cfr. más adelante 6); diciéndolo con otras palabras: lo que aquí significa *vis* no puede derivarse desde un concepto cualquiera de

VII. La posición metafísica fundamental de Leibniz

«fuerza», sino que tiene que ser determinado puramente desde lo precedente del campar unitario de la perceptio como appetitus; pero no como una propiedad global general y posterior, sino como el fundamento esencial del representar aspirando, como lo original suyo, como ello mismo en cuanto lo simplemente unificante: base, subjectum. Cfr. *Monadologie* § 48. Pero así como siempre que se introduce y se concibe como nueva una determinación que por lo demás ya es conocida –como es el caso de «potencia», force, vis, fuerza, entelequia o dynamis– se hace necesario contrastarla con lo ya conocido, así también *esta* designación que Leibniz intenta múltiples veces (sobre todo en *de primae philosophiae emendatione*) sigue siendo siempre equívoca y *derivada*.

Toda la paradoja de este concepto de «fuerza», que resulta en cuanto tal del hilo conductor, hay que entenderla a partir de que Leibniz concibe la monas como «fuerza» (como δύναμις), y sin embargo la denomina *entelechie*, siendo que esta permanece pese a todo esencialmente diferenciada de la δύναμις. (Cfr., por ejemplo, la definición aristotélica de la ψυχή, *De anima* B 1.) *Monadologie* § 18. Pero por otro lado, hasta qué punto Leibniz duda en introducir inmediatamente la determinación como fuerza, lo muestra el primer esbozo para el § 12 de la *Monadología*, que con posterioridad fue omitido por hablar directamente y sin ninguna introducción de la *force*.

De esta forma, quedan dos vías para designar la esencia de la monas como vis:

a) el perfilamiento inmediato de vis;

b) el desarrollo de su esencia *desde* la esencia del aspirar representando y del *representar aspirando* como su *fundamento esencial*, como su «base», subjectum, ὑποκείμενον. Cfr. *Monadologie* § 48: es decir, no la *base* de un ente, sino lo que determina fundamentalmente la entidad.

Sobre a). El perfilamiento mediato de la vis la muestra a esta como una esencia intermedia entre la potencia y el acto (de la Escolástica), regresando a la δύναμις y a la ἐνέργεια, es decir, al análisis de la κίνησις, observándose en ello la transformación y la trivialización escolásticas de la δύναμις y de la ἐνέργεια, que conducen a una *eliminación de lo griego*. En Leibniz hay en *cierta* manera una recuperación, pero solo muy condicionada.

Vis como medium entre facultas agendi y actio.[124] Para Leibniz, el medio no es el resultado, el ajuste de los extremos, sino el origen y el fundamento de los extremos en cuanto lo impropiamente ente. Vis, *per se ipsam in operationem fertur* – non auxiliis indiget sed sola sublatione impidementi.[125] Lo que la substantia accipit, no es nunca *vis*, sino solo *nisus sui limites* et determinationes.[126] El apremio apremiante es el *conatus* (praeexistens *nisus*). La facultas es potentia nuda. Esencial es la *translatio in actum*.[127]

Sobre b). *Sobre todo hay que tener en cuenta* que la «fuerza» no es algo que haya dado en un ente y por detrás de él, sino justamente la *entidad* de lo ente. La mónada no está dotada de fuerza, la vis no es un equipamiento óntico, sino el fundamento ontológico, y su esencia original es la *fuerza*, es decir, lo *que se unifica en sí, más allá de sí, hacia sí y desde sí*, pero no algo «terminado» ni nunca algo terminado, sino el superarse, la constancia del superarse. *Por alcanzar eso* se esfuerza también la doctrina de Nietzsche de la *voluntad de poder*.

---

124 «La fuerza como el medio entre la facultad de actuar y la acción.» *[N. del T.]*

125 «La fuerza, que *por sí misma es convertida en operación*, no necesita ningún auxilio, sino únicamente la remoción de los impedimentos.» *[N. del T.]*

126 «Lo que la substancia recibe no es nunca la fuerza [para actuar], sino solo límites y determinaciones de ese impulso preexistente o de esa fuerza para actuar.» *[N. del T.]*

127 «Tránsito a la acción.» *[N. del T.]*

VII. La posición metafísica fundamental de Leibniz

Ser capaz de, el «*gustar de*»:[128]   a) *poder por sí mismo*,
   b) *amar*, querer que sea.

Vis primitiva ≠ fuerza retrasada, sin desarrollar, «primitiva», sino fuerza que campa *originalmente* como «comienzo» y origen anticipador. Cfr. sobre ello la «*possibilitas*» como *exigentia existentiae*,[129] determinada más originalmente.

6. *La monas como speculum vitale Dei*[130] o del universo, cfr. *Discours de métaphysique*, § 8 ss. (La «falta de ventanas» de las mónadas.) Vitalidad vital desde la esencia de fuerza. *Reflejando* en su esencia, *permite ver eso que se* representa.

La mónada: (1) Se pone en el espejo, y de este modo *ante* él.

(2) Pone *el* espejo *que* ella misma configura y *que* ella es

(3) para *verse en él*, es decir, para concentrarse en él, ¿y como qué? (mundus concentratus).

(4) Viéndose, *ser* el conjunto.

La mónada es «sin ventanas». Así pues, no puede ver más allá de sí, se queda (en su «ver»: ¡perceptio!) *encerrada en sí misma*, y de este modo *cerrada* a lo que ella no es. a) Pero aunque encerrada en sí en su ver, este ve pese a todo, justo, el *universo*, b) y de este modo no está *cerrada a lo otro*, sino que precisamente está junto con lo otro en cuanto el conjunto. *Pero ¿cómo?* Representando, configurando, a priori, phaenomen. c) En realidad, no hay nada que la mónada no sea ella misma en cuanto tal. Por eso, propiamente, no hay ningún «afuera», y *solo por ese motivo* tam-

---

128 El verbo *mögen* tiene los dos significados de «gustar» y de «poder ser» en el sentido de «ser posible»: *ich mag diese Speise*, «me gusta esta comida»; *(es) mag sein*, «puede ser»; *möglich*, «posible». En su acepción de «gustar», supone un preferir y, por tanto, un apreciar y un «valorar». En su acepción de «poder ser», supone una capacidad y, por tanto, una potencia y una fuerza. *[N. del T.]*
129 «Exigencia de existencia.» *[N. del T.]*
130 «Espejo vital de Dios.» *[N. del T.]*

66. La posición metafísica fundamental de Leibniz

poco hay ninguna *ventana*. No tiene ninguna ventana porque no necesita ninguna, y no necesita ninguna porque lo tiene todo *en sí*, y el «afuera» no es más que lo que un interior incontrolado se representa sin distinción e inadecuadamente. Pero no porque ella esté fuera, o mejor dicho: ella solo está fuera en el modo de la *percepción*, de la *apercepción*. ¿Qué significa «afuera», «fuera»? ¿Qué significa *estar* «afuera»? (Cfr. más adelante 9.) En este sentido, mi interpretación anterior partía demasiado del ser-ahí. Hay que determinar desde el «dentro», es decir, desde el «estar en sí» y desde la *monadidad*.

(1) *La raepresentatio duplicada*: la ἀλήθεια y el *ser-ahí (la pregunta por la verdad queda sin ser preguntada)*.

(2) *Monadologie* § 30. El saber de la verdad necesaria y *la reflexión. La esencia del yo y la identidad.*

(3) Fichte: el yo, la identidad original (origen de la identidad), Doctrina de la ciencia y lógica.

(4) Schelling: a través de la «naturaleza» hacia la *identidad* como lo *absoluto*. La indiferencia absoluta. El antagonismo de Hegel: «Prólogo» a la *Fenomenología del espíritu*: «La noche en la que todas las vacas son negras».[131] El espíritu finito como *«reflexión»* del *absoluto*, cfr. la *Doctrina de la ciencia*. «*La idea absoluta*».

7) La mónada como *mundus concentratus* se explica desde el *speculum vitale*, y en realidad con ello queda dicho hasta qué punto la mónada es *substantia individualis*. La esencia y el modo del enraizamiento consisten en ser lo originalmente unificante del conjunto. Cfr. arriba β) ss.: perceptio e identitas — veritas — enuntiatio — *«subjectum» — praedicatum*.

---

[131] Cfr. Georg Wilhelm Friedrich Hegel, *Werke, Vollständige Ausgabe durch einen Verein von Freunden des Verewigten*, Berlín, 1832 ss., vol. II: *Phänomenologie des Geistes, Vorrede*, p. 14.

VII. La posición metafísica fundamental de Leibniz

8) Solo ahora se puede explicar el corpus (σῶμα), que desde hace tiempo se considera lo más inmediatamente dado, la οὐσία. Sobre la οὐσία αἰσθηθή, cfr. Descartes, *Meditatio* II, Título: Corpus como mens momentanea. *Vis primitiva passiva*, su esencia y *su phaenomenon*.

9) Phaenomenon bene fundamentum; *compositum*; dehors (*Monadologie* § 49). Fenómeno es lo que no está asumido en la unidad original ni *presente en ella*. Es lo incontrolado y, por tanto, la dispersión. Lo compuesto, lo no-ente. Pero entonces, solo es *posible* desde la monadidad, e incluso solo en el *ámbito* de la *perceptio*. Hay este «fuera», y hay el «fuera» en el sentido de la alteridad de las otras mónadas, que, en cualquier caso, nunca tiene un sentido espacial.

67.

LA DOBLE REPRESENTACIÓN EN LEIBNIZ Y EN EL IDEALISMO ALEMÁN

La doble representación en Leibniz y en el idealismo alemán:
 a) el re-pre-sentar-se, *ego*, percipio, tener «ahí» para sí;
 b) el representarse como *mostrarse* («ser-ahí») en sentido absoluto, interpretado como *perceptum Dei*.
 Ambos no han sido llevados a la *unidad* original porque el ego cogito, percipio, ens, οὐσία, νοεῖν, son *derivados*, y sobre todo *porque* la οὐσία y la ἀλήθεια no están fundamentadas. Dicho con otras palabras: en este terreno *no se puede resolver* en modo alguno el tratamiento de la pregunta conductora. La verdad del ser queda sin ser cuestionada. «Tenencia-*ahí*» y «ser-*ahí*» (en el sentido tradicional) se toman en un sentido no fundamentado del «ahí». Primero se toma solo el «ser-*que*».

68. La «representación» en sí misma duplicada

Lo *afilosófico* de la manera de pensar medieval, la *consideración causal* con base en el pensamiento de la creación: *hasta qué punto Leibniz va más allá de esto y, sin embargo, vuelve a quedar apresado en ello.*
1. Todo es llevado a lo incondicional, a lo in-finito;
2. lo *finito* se toma en su referencia a lo infinito.

En cierta manera, esto representa la *inversión* de la posición de Leibniz. Lo *absoluto* como lo *incondicional*, que a su vez condiciona todo estar *representado* y *todo representar* y todo *representante*. Hay una tenencia ahí, pero ya no en sentido *causal*. *¿Cómo se orienta a ello lo finito?* Cfr. la filosofía negativa y la filosofía positiva de Schelling.

Consideramos la relación fundamental entre la mathesis universalis de Descartes y la characteristica universalis de Leibniz. La idea de la deducción y del rigor matemáticos formales no basta. Para Leibniz es decisiva la relación de la *representación*. También aquí, la characteristica está *fundada, en lo esencial, más metafísicamente* que en Descartes. Porque todo ente, siendo tal repraesentans-repraesentatum, se basa en tal relación de representación, por eso es esencial la characteristica. Aquí hay *algo totalmente distinto* a lo que la «logística» moderna establece de forma puramente matemática. Cfr. Cout. p. 87, Anotación 3.[132]

68.

LA «REPRESENTACIÓN» EN SÍ MISMA DUPLICADA

La mónada *«representa»* en un sentido doble, pero que en sí mismo se corresponde mutuamente: *repraesentat*.

---

132 Louis Couturat, *Die philosophischen Prinzipien der Mathematik*, Leipzig, Werner Klinkhardt, 1908, p. 87, Anotación 3.

VII. La posición metafísica fundamental de Leibniz

1. *percipit* – appetens – universum. Permite ser en (sí) como *praesent*, y «*es*» así.

2. En calidad de tal *percipiens appetens*, «representa», es decir, es *ella misma*, es decir, *perceptum* a Deo,[133] es decir, *praesens totum simul*. Representando el universo, y siendo así en cada caso ella misma, ella está representada en la mónada absoluta. Este *ser representado* (fulgurations continuelles, *Monadologie* § 47) es al mismo tiempo aquel *representar* suyo del universo.

La reduplicación de la *representación* (νοεῖν, pero viniendo en medio el Deus creator y el *ego* percipio) es, pese a todo, una consecuencia *necesaria* del ὄν qua ἀλήθεια, de modo que esta misma no entra en cuestión.

En lugar de ello, el ens *qua repraesentans* es *explicado* en cuanto tal siendo derivado de la presentación incondicional de lo presente. La relación óntica causal no es superada desde la *representancia* ontológica, lo cual era en realidad el objetivo. Cfr. el idealismo alemán. Frente a la *interpretación cristiana*, la diferencia esencial reside aquí en que todo se funda en el campar la substancia como monas en cuanto *percipiens*. Por tanto, el *hilo conductor* del primer comienzo para la interpretación de la entidad, el νοεῖν, se hace *valer* en su *sentido* más profundo *posible* y *abundante*.

El *idealismo alemán* no es más que el desarrollo de este planteamiento, sin dominarlo en toda su riqueza ni hacerlo valer en su paradoja, es decir, sin tomarse en serio la duplicación de la representación. Esta misma dificultad vuelve a regresar por última vez en *Nietzsche*, en la *correspondencia y pertenencia mutua* de la voluntad de poder y el eterno retorno de lo igual.

También aquí, lo *primero* es entender *por qué*, según la orientación de la pregunta y la necesidad del hilo conductor en el primer comienzo, la voluntad de poder y el eterno retorno de lo igual *se corresponden y pertenecen mutuamente*; hay que concebir el primer

---

133 «Percibido por Dios.» *[N. del T.]*

comienzo, liberándolo para ello de su propia sucesión, que ya no está a la altura de aquel, para que él «comience» algo esencial *con nosotros*, es decir, para que nos obligue a preguntar. (Por eso, en relación con Nietzsche, *no basta* con enfatizar, por ejemplo, frente a la consideración unilateral de la voluntad de poder, *también* la doctrina del retorno, pues mientras no se haya comprendido que aquí se realiza el final del comienzo, ni una doctrina, ni la otra, y tampoco ambas «juntas», pueden volverse filosóficamente esenciales; por tanto, hay que llevar a cabo algo distinto a una valoración filológica y literaria de lo que Nietzsche «escribió».)

69.

LA ESENCIA DOBLE DE LA MÓNADA COMO REPRAESENTATIO

Consideramos la esencia doble de la mónada como repraesentatio. Lo *interior* no se toma en sentido espacial, sino que es lo determinado por la mónada y para ella y como ella en cuanto siendo. El afuera es lo que no es, lo que no entra en esta determinación pero que, *sin embargo, se muestra*, es decir, lo que solo *aparece*, mas sin ser mero resplandor. La «apariencia» es un intermedio entre el «fenómeno» (Kant) y el mero resplandor. La mónada «se» expone y se representa desde «dentro» y desde «fuera» como vis.
1) *Estando en sí, representándose*: objetualmente *para* «sí», objetualidad, estar presente, estar creado, el creador increado;
2) pero al mismo tiempo, *exponiéndose* como *esta* mónada *que en cada caso es única*.
    Así pues, *la entidad de lo ente está duplicada. ¿En qué medida?* Ens creatum (estar presente) y ens perceptum (estar representado), *pero* ahora ambos están en la *unidad* de la vis como *repraesentatio* (ἀλήθεια).

VII. La posición metafísica fundamental de Leibniz

Porque todo ente, siendo tal repraesentans-repraesentatum, se basa en tal relación de exposición, por eso es esencial la characteristica. Aquí hay algo totalmente distinto a lo que la «logística» moderna establece de forma puramente matemática. Cfr. Cout. p. 87, Anotación 3.[134]

70.

LEIBNIZ: ἕν – UNIDAD

La *identidad* es esencial:
1. como «unidad» suprema, como base de toda fundamentación y reducción;
2. al mismo tiempo, como *unidad* de la *substancialidad*.

(1) Como «unidad» de la mathesis, en su original correspondencia y pertenencia mutua, la *unidad* es plenamente determinante;
(2) como «unidad» de la metafísica.

Pero cuál sea la unidad original *de estas* unidades, Leibniz ya no lo indagó. Quizá *tampoco* sea indagable. ¿Por qué no? Porque aquí la propia pregunta metafísica se pone a sí misma el límite. Por eso la *«sistemática»* queda irresuelta y resulta impenetrable. Cfr. Kant.

---

134 Louis Couturat, *Die philosophischen Prinzipien der Mathematik*, Leipzig, Werner Klinkhardt, 1908, p. 87, Anotación 3. [Este párrafo es igual a aquel con el que termina el apartado 67, con el único cambio de *Vorstellungsverhältnis*, «relación de representación», por *Darstellungsverhältnis*, «relación de exposición». *(N. del T.)*]

71.

Leibniz: «monadología»

La entidad se interpreta *de otra manera* (ἕν) (cfr. pasajes de la carta), y *por consiguiente* [también la] *perceptio*. El hilo conductor es el pensar. La condición previa es el campo de visión, vis, cfr. proyecto; *Monadologie* § 12. Pero igual que ahí es *conductora la per-ceptio* como *percipere perceptum*, y este está *escalonado en grados*, así, cuanto más y cuanto más propiamente lo *representado* es la vis, tanto *más ente* es entonces el representante mismo, representando, *aspirando a Deus*. La repraesentatio marca un «dentro» y un «fuera», como *vis activa primitiva*. Y la *prioridad del hombre consiste en la apperceptio*. Cfr. *Monadologie* §§ 29-36. Cfr. *Monadologie* § 30 y *Nouvaux Essais* I.1. Lo que *ahonda* la *regula generalis*:

Cognitio intuitiva: totum – simul – praesens. Cfr. sobre ello *Descartes, indubitatum*. Perfectio.

La *mónada* como vis (entelequia). ¿Qué *significa vis*, cómo determinarla?

1. *«Estar en sí»* (frente a un agregado, un amontonamiento y composición posterior). Simplicidad y ponerse como *re-pre-sentando, aspirando*,
2. es decir, unificar original (re-pre-sentante).
3. Individualizado en *sí* mismo.
4. Yendo más allá de sí en la modificación: *tendencia*, aspiración.

La vis no es ni potencia (disposición, facultad, idoneidad, capacidad, según el ámbito de la tendencia) ni actus, ni es, por tanto, solo negativa, sino que es *conatus, nisus*, un superarse en tensión, estar dirigido *a*, hacia.

VII. La posición metafísica fundamental de Leibniz

El estar en *sí*, *constante reafirmarse* en sí y en la multiplicidad representada en su unidad (facultad), no es un «entre». Vis y «unidad».

La entelequia solo puede captarse *intellectualiter*, no *imaginaliter*.

Omne corpus est mens momentanea carens recordatione.[135]

De ahí la diffusio, existentia, extensio.

El extenderse, la diffusio, está limitado a un ámbito mínimo, y solo en cuanto tal ámbito mínimo es fundamento de la difusión, y de este modo fundamento de la extensio.

---

135 Gottfried Wilhelm Leibniz, Fundamenta praedemonstrabilia, en G, vol. IV, p. 230. «Omne enim corpus est mens momentanea, seu carens recordatione, quia conatum simul suum et alienum contrarium (duobus enim, actione et reactione, seu comparatione ac proinde harmonia, ad sensum et sine quibus sensus nullus est, voluptatem vel dolorem opus est) non retinet ultra momentum: ego caret memoria, caret sensu actionum passionumque suarum, caret cogitatione.» [«Así pues, todo cuerpo es una mente instantánea o carente de recuerdo porque no retiene más allá del instante ningún impulso suyo y tampoco distinto y contrario (pues para el sentido, para el placer y para el dolor, son necesarios dos: acción y reacción, o una comparación y, por tanto, una armonía, sin los cuales no hay ningún sentido): por tanto, carece de memoria, carece del sentido de sus acciones y sus pasiones, carece de conocimiento.» *(N. del T.)*]

VIII.

LA POSICIÓN METAFÍSICA FUNDAMENTAL DE KANT

Cfr. el libro sobre Kant.[136]

---

[136] Martin Heidegger, *Kant und das Problem der Metaphysik*, GA 3.

72.

LA POSICIÓN METAFÍSICA FUNDAMENTAL DE KANT

Si lo consideramos *inmediatamente*, Kant tiene muy poco que ver con lo que mi escrito sobre Kant trata de hacer visible. Pues pese a toda aclaración de lo transcendental y pese a la inclusión del tiempo y el espacio en la interpretación de la objetualidad del objeto, es decir, de lo que está enfrente, todo queda en el nivel de la pregunta conductora. En ninguna parte se llega a un *desarrollo de la pregunta conductora*, sino solo a un tratamiento, a su *restricción* (crítica). Pese a todo, justamente aquí se da la posibilidad de señalar como curiosidad que el hilo conductor para la interpretación de la entidad (la razón, el entendimiento juzgante) resulta modificado por el «tiempo» (esquematismo), o mejor dicho, resulta completado y enriquecido. Pero, pese a todo, el tiempo no está desarrollado aquí como la verdad de la diferencia del ser: no hay ni rastro de la pregunta por la diferencia del ser.

También en Kant se ve que el tratamiento de la pregunta conductora incluye en cada caso la pregunta por el hombre, y sin embargo aquí no hay nada de la *analítica de la existencia* en el sentido de la ontología fundamental transicional. Y por eso, el escrito es una conducción muy cuestionable pero, pese a todo, al mismo tiempo no del todo imposible hacia *Ser y tiempo*. Solo que no debe aflorar la opinión de que *Ser y tiempo* se limita a contener y a mejorar lo que ya hay en Kant. *Ser y tiempo* es algo totalmente distinto, y por eso también la interpretación de Kant que desde allí se lleva a cabo es muy violenta, y sin embargo es verdadera en el sentido de una meditación sobre la historia de la metafísica. Cfr. sobre Kant las lecciones del semestre de invierno

VIII. La posición metafísica fundamental de Kant

de 1935-1936.[137] Cfr. sobre Kant los ejercicios del semestre de verano de 1937 (Nietzsche), *Idealismo y «crítica»*, manifestación y cosa en sí.[138]

Sin embargo, el carácter transicional de todo eso se evidencia en que se está hablando en general de la «metafísica de la existencia» (con un significado doble). Pues la fundación del ser-ahí es al cabo, justamente, la superación de toda «metafísica», de toda filosofía habida hasta entonces, en la medida en que esta pregunta por lo *ente* y en que esto lo hace al hilo conductor del pensamiento, en lugar de preguntar por la verdad del ser.

---

137 Martin Heidegger, *Die Frage nach dem Ding*, GA 41.
138 Ídem, *Nietzsches metaphysische Grundstellung (Sein und Schein)*, en GA 87.

> # IX.

EL IDEALISMO ALEMÁN Y EL TRATAMIENTO DE LA PREGUNTA CONDUCTORA

73.

VISIÓN DE CONJUNTO

1. Sobre Fichte. El Schelling temprano y el Schelling tardío en sus principios rectores.
2. Pregunta conductora e *hilo conductor*.
   a) La formación de un hilo conductor como aseguramiento del hilo conductor. La formación del horizonte, y de este modo el «*hilo* conductor», se elaboran como una «dialéctica», como un pensamiento fundado en el yo, que pasa a ser el *ente absoluto*.
   b) α) *saber absoluto*. «*Ciencia*». Fichte → Schelling → Hegel. Saber e idea absoluta.
   β) Pese a la posición fundamental en α, filosofía de la naturaleza. Movimiento a lo positivo dentro del idealismo, incrementándolo de nuevo. Lo absoluto como el *ente* en-sí y desde sí.
   γ) La filosofía *positiva* como *restauración*, remontándose hasta detrás de Descartes, y sin embargo no. Ontoteología, toda la metafísica absoluta. Lo *existente*; ¿qué *justamente no?*; ἀλήθεια *y verdad del ser*.
3. *Las tres preguntas* y la esencia del ser-ahí. ¿De qué se habla tácita pero constantemente en las lecciones? ¿Del *ser-ahí*? (como hecho apropiado por la diferencia del ser).

IX. El idealismo alemán y el tratamiento de la pregunta conductora

74.

¿Qué sucede con el aseguramiento del hilo conductor en el inicio del pensar moderno hasta el saber absoluto en el idealismo alemán?

Lo que llamamos hilo conductor y lo que simplemente entra en juego en primer lugar en la apelación al animal *rationale* pasa a ser ello mismo, en cuanto formación de horizonte para lo ente en cuanto objetualidad, el ente más auténtico y supremo: el saber absoluto, la idea absoluta, la realidad absoluta. *El hacer estar enfrente para el yo* pasa a ser lo propiamente ente. El carácter creador del summum ens modificado en sentido moderno pasa a ser causa sui. Esta es la peculiar sistemática onto-teológica en el idealismo absoluto.

75.

La elaboración del pensamiento como «dialéctica»

El hilo conductor de la pregunta conductora en el idealismo alemán puede indicarse con el nombre de «dialéctica». Pero en ello hay que saber y hay que *tratar hasta el fondo* que esta dialéctica es una dialéctica del «yo pienso». Las formulaciones de tesis, antítesis y síntesis no se mencionan solo como realizadas con arreglo a la forma del yo, sino que están referidas al «yo» como su gozne, de tal modo que, en este imponerse a lo largo de ellas, el yo es restablecido primero en su incondicionalidad condicionante absoluta, siendo puesto así en primer plano. En este ámbito tiene que permanecer incluida también la dialéctica de la lógica hegeliana. Pero de este modo, el pensamiento mismo, en cuanto despliegue de su esencia absoluta, pasa a ser lo auténticamente real.

76.

El tratamiento de la pregunta conductora desde Descartes hasta el idealismo alemán en sus momentos esenciales. ¿Cómo se configura el pensamiento como el hilo conductor y, por tanto, su dar el horizonte?[139]

Descartes – Leibniz – Kant

Idealismo alemán

1. Pensamiento como *yo me pienso*, *ego cogito*. Se realza el carácter del yo, y se prepara el «*yo* pienso» como «yo pienso» por anticipado la objetualidad *para* mí. El yo como lo que condiciona la objetualidad, o mejor dicho, lo ente como objeto, y por tanto lo *incondicional* visto anscendentalmente en sentido kantiano.

En Kant, esta incondicionalidad de lo condicionante está todavía junto con la finitud del hombre y del propio yo. Con Fichte, aquella incondicionalidad del condicionar, concretamente tomada en su conjunto, pasa a ser la determinación esencial de lo absoluto en cuanto tal, y este es, por tanto, al mismo tiempo, espiritual y yoico.

---

139 Cfr. más adelante 77.

IX. El idealismo alemán y el tratamiento de la pregunta conductora

2. Con Leibniz, la «unidad» pasa a ser, de forma más decisiva que hasta entonces, la determinación esencial de lo ente. Pero la unidad en cuanto tal es lo simple unificante. Perceptio significa tomar juntos muchos en la unidad, y eso determina la identitas, la veritas y la entitas entis. De esta manera, al mismo tiempo, el «yo pienso» pasa a ser yo pienso la unidad anticipándola, es decir, yo doy como condición previa el modelo vigente.

Si el yo es yo unifico, y si el yo es lo incondicional, entonces tiene que ser al mismo tiempo la unidad original, y la es como *la identidad que, sabiéndose, se pertenece a sí misma.* La identidad incondicional se toma como condición de toda entidad, y por tanto también del no-yo. Pero Schelling concibe el no-yo mismo como la identidad visible, es decir, concibe también el no-yo como yoico, como espíritu, y eso es la naturaleza. De esta forma, la identidad del yo absoluto se desplaza ahora de inmediato al lado del no-yo, y pasa a ser no-identidad. Pero con ello, la identidad original de lo idéntico y de lo no-idéntico, la indiferencia absoluta, se pone de relieve como la identidad suprema y primera, que Hegel concibe luego como el saber absoluto. La identidad como lo supremo de la entidad pasa a ser así, por su parte, lo propiamente ente.

3. La veritas como adaequatio y rectitudo pasa a ser certitudo, *certeza,* pero esta no como un modo de la tenencia de lo

En el yo absoluto, el saberse pasa a ser saber absoluto, el *saberse como absoluto*; lo que se determina desde sí mismo su

verdadero, sino como la auténtica verdad, en la medida en que lo representado sólo es tal en cuanto representado *para el yo*. Por tanto, la certeza, siendo la verdad original, exige el saber como saberse.

esencia, lo que se determina el objeto, lo que se puede llegar a saber del saber, es la Doctrina de la ciencia, o dicho brevemente: *la ciencia absoluta*. Para Hegel, «la ciencia», el «sistema de la ciencia».

4. La *verdad como certeza* y como último aseguramiento en el yo pienso y en lo primero pensado por él es el presupuesto de que la *mathesis* universalis pueda constituirse en forma necesaria de lo que se puede llegar a saber y de lo que se sabe. Aunque históricamente el ideal de conocimiento matemático es anterior en la ciencia natural moderna y contemporáneo de Descartes, sin embargo, su conexión con la filosofía no hay que pensarla como si la filosofía se hubiera limitado a amoldarse a este ideal. Más bien, fue un *presupuesto* para asumirlo que el pensar de lo ente estaba fundado ya en la autocerteza absoluta del hombre. La *autoseguridad* del *yo pienso* representa una liberación frente a la certeza de salvación del alma, certeza que en un primer momento aún había quedado intacta.

Con ello, y por vía de Kant, el *sistema* (unidad de lo múltiple bajo una idea en cuanto representación de un todo incondicional) pasa a ser una determinación de la constitución de lo objetual en cuanto tal. El *sistema* no es un marco ni una recopilación de apartados en los que primero se clasifica lo ente, sino que el «sistema» pasa a ser el carácter fundamental de la propia entidad. De ahí que el esfuerzo por el *«sistema»* venga originalmente unido a la fundación del saber absoluto. Por eso, la expresión hegeliana «sistema de la ciencia» es casi ya una tautología.

IX. *El idealismo alemán y el tratamiento de la pregunta conductora*

De este modo, para la configuración completa del pensamiento como hilo conductor de la metafísica moderna pasaron a ser determinantes y normativos:
1) El yo en su yoidad.
2) La unidad como identidad.
3) La certeza como saberse.
4) El sistema.

Y el empuje fundamental del planteamiento moderno se orienta a la *incondicionalidad* del «yo pienso», pensando anticipadamente lo ente como objeto, y pensándolo así en su entidad. Esta incondicionalidad prefigura la idea de lo absoluto, que conforme a la tradición se determina en un sentido teológico cristiano.

Porque la verdad pasa a ser certeza, y esta pasa a ser saber transcendental, y este se vuelve incondicional, la formación de horizonte tiene que salirse de la mera contraposición a lo «ente» como objeto y elevarse hasta el auténtico objeto constituyéndose en él, en lo sabido que se sabe a sí mismo absolutamente, y esto es lo máximamente ente.

77.

¿QUÉ SIGNIFICA EN LA ÉPOCA DEL IDEALISMO ABSOLUTO QUE LA FILOSOFÍA ES LA CIENCIA, LA ABSOLUTA?

Eso no significa otra cosa sino que el pensamiento, en su forma suprema como la identidad incondicional, es el hilo conductor para la única tarea de la filosofía: la determinación de lo ente en cuanto tal. *Pero hilo conductor significa ahora: lo ente determinante y normativo y, además, lo ente fundamentante.* ¿Por qué el «hilo conductor», la formación del horizonte, tiene que hacerse ahora él mismo el ente más auténtico? (La conversión de la verdad en certeza.) ¿En qué medida tiene que convertirse en eso para el pensamiento en su forma suprema? Desde Descartes, el pensamiento es «*yo* pienso algo»; desde Leibniz, y sobre todo desde Kant, es «yo pienso por anticipado», «yo enlazo por anticipado», «yo arrojo por anticipado unidad, presencialidad»; *yo pienso la unidad* es ya una tautología. Pensar es un unificar que está presente a sí mismo, una recopilación, un *presente que está a sí mismo presente*.

78.

Pregunta conductora e idealismo alemán

¿Por qué el *saber* en cuanto tal es lo propiamente ente, *el fundamento de la entidad*?
1.   Porque es en sí la *identidad suprema*, la identidad que se pertenece *a sí*, que se sabe *a sí* y que campa sabiéndose *a sí*.
2.   En cuanto esta identidad, es al mismo tiempo la condición incondicional de todo ente en cuanto lo *objetual*.
Objetualidad: a) *frente al* «yo» *(Fichte)*
            b) estar en sí como lo otro *(Schelling)*.
¿En qué medida se ha incrementado aquí al máximo la función del «pensar» como hilo conductor? ¿En qué medida para el *«yo»*, para el ego cogito (perceptio, idea), tanto la *«unidad»* como el ἕν están absorbidos en la pura *referencia en cuanto tal al pensar*, referencia que pasa a ser lo absoluto mismo? (percipere: multorum in *uno* expressio).[140] Cfr. el concepto hegeliano de la *idea* como el automanifestarse absoluto de lo que se manifiesta a sí mismo (*identidad* de lo idéntico y de lo no-idéntico).
El idealismo alemán en atención al tratamiento de la pregunta conductora:

---

140 «Percibir: expresión de muchos *en uno*.» [*N. del T.*]

IX. El idealismo alemán y el tratamiento de la pregunta conductora

1. En cuanto idealismo, concibe la entidad como estar representado (yo pienso).
2. Pero igual que el *representar* se concibe como «yo represento», así se concibe también la «idea».
   a) el yo es *absoluto*   incondicionalidad del
   b) lo *representado es aboluto*   representar
   c) el representar es absoluto   *sistema*
   d) todo es *transcendental*.
3. Solo que tanto desde el «yo» como desde el «no-yo» y, por consiguiente, desde lo incondicional, hay en esto diferencias importantes.
4. El saber absoluto es espíritu, y el *hombre* es *finito*. *El hombre mismo es solo la «objetualidad» de aquel saber que simultáneamente él lleva a cabo.*

79.

Fichte

¿Qué significa Doctrina de la ciencia? «Ciencia de la ciencia.» Esto puede tener varios significados (no es una «teoría» de la ciencia). ¿Y qué es la *ciencia*? Saber sistemático, «sistema». Aquí hay un origen de la ciencia desde el saber absoluto, que se determina *a sí mismo*, y que, por tanto, determina desde sí a su objeto.

Doctrina de la ciencia = la filosofía como *metafísica*. Cfr. *Hegel*: Sistema de la ciencia, primera parte: «Fenomenología del espíritu»; segunda parte, lógica («Ciencia *de la* lógica»).

El «saber» es lo absoluto, lo primero, que todo lo condiciona. *Yo represento algo*, para mí, pero esto significa: *yo soy yo.*

80.

FICHTE

Fichte piensa la unidad original de la razón teórica y la práctica. Este es el *auténtico sistema*. Kant habla de «la unidad de la multiplicidad de los conocimientos bajo una *idea*».[141] El yo absoluto y el empírico están en esta tensión. Esta es la cientificidad por antonomasia. Cfr. Hegel: *Sistema de la ciencia*.

La *yoidad, principios esenciales, esencialidad del poner*. La realidad (ser) del yo, *desde él mismo* y, por tanto, desde la incondicionalidad del condicionar (lo transcendental). Desde la yoidad se determina el modo y la esencia de la *absolutez*, y de manera correspondiente también la *finitud*, el *tender*. En Descartes, el *ego* es siempre substantia (creata) finita, pero la relación cogito-sum es incondicionalmente condicionante. Tat-*Handlung*, el autoponerse, la síntesis de acción y hecho, la *espontaneidad* como *transcendentalidad*. Cfr. Kant: la unidad sintética original de la apercepción transcendental.[142]

81.

FICHTE

La filosofía es ciencia (cfr. Hegel: *Sistema de la ciencia*, Primera parte): esta es una tesis de partida que se concede como concor-

---

141 Immanuel Kant, *Kritik der reinen Vernunft*, A 832; B 860.
142 Ibíd., A 107; B 132.

IX. El idealismo alemán y el tratamiento de la pregunta conductora

dante; concedida sobre todo en I, 38.[143] Además, «la Doctrina de la ciencia» es «necesaria», y lo es «como disposición natural». I, 69.[144]

Es discutible *de dónde procede el «objeto»*; este hay que desarrollarlo desde la esencia de la propia *ciencia*. Qué significa todo esto:

1. Prioridad del procedimiento, es decir, del *saber* en cuanto tal, que primero se *determina* y *puede* determinarse *lo que puede saberse*, para de este modo determinarse a sí mismo por completo.
2. El «objeto» de la filosofía. Lo «objetual» de este saber.
3. ¿Adónde tiene que haberse llegado para que se haga posible un planteamiento así en el propio *«saber»*?

La idea del «sistema» es esta: toda *ciencia* ha de tener un principio, y solo puede tener *uno*. La conexión: si A es cierto, entonces B es cierto, se llama la forma *«sistemática»*. Esto no es la «finalidad» de la ciencia, sino su medio contingente. El saber es un *edificio*. Y su finalidad principal es la *«firmeza»*.

¿Cómo es posible la propia ciencia? *Esta es la pregunta por antonomasia de la ciencia de la ciencia*. Doctrina de la ciencia = *filosofía*. La consecuencia necesaria del planteamiento de *Descartes* es que, desde el cogito en cuanto «cogito me cogitare», el ens en cuanto perceptum se determina como *certum*. Esto significa la prioridad del *pensamiento* sobre el objeto. Primero hay que mostrar: ¿qué significa «ser cierto»? El principio supremo de toda Doctrina de la ciencia tiene que aportar el fundamento de toda certeza. Y tal principio es cierto *porque* es cierto.

Se *sabe* lo que él dice porque se *sabe* en general. Saber significa saber este *principio*. Saber es, él mismo, lo primero y lo

---

143 Johann Gottlieb Fichte, *Über den Begriff der Wissenschaftslehre*, en *Sämtliche Werke*, edit. por I. H. Fichte, Berlín, Veit & Comp., 1845-1846, vol. 1: *Zur theoretischen Philosophie*, p. 38.
144 Ibíd., p. 69.

propiamente *sabido*. Así pues: saber es *certeza*, el *saber-se* del saber.

Principio fundamental: *contenido*   y   *forma*
                              De qué   —   Qué se sabe
                              Oro/cuerpo   igualdad

En el principio supremo, el contenido tiene que determinar a la forma y la forma al contenido. *Saber con certeza* significa *tener una intelección* de la *inseparabilidad* de un contenido respecto de su forma determinada. Tesis: λόγος. *El contenido absoluto.* *¿«Lógica»?* La ciencia es *tratamiento*: indicar el *lugar* y el sistema de un concepto. La Doctrina de la ciencia tiene la totalidad absoluta —está consumada en sí–, y regresa a sí misma.

La *Doctrina de la ciencia* busca solo lo necesario, *las tesis esenciales*. ¿Cuál es la relación entre la Doctrina de la ciencia y la lógica? La lógica le da la forma a toda ciencia. La Doctrina de la ciencia le da el contenido y la forma. La Doctrina de la ciencia *fundamenta* a la lógica, y no al revés. Toda la lógica tiene que demostrarse desde la Doctrina de la ciencia. La lógica es *abstracta, reflexiva*. La *Doctrina de la ciencia* es *necesaria* como «*disposición natural del espíritu humano*». La lógica es una construcción artificial.

82.

Objeción

Si, según Fichte, la *«lógica»* está subordinada a la Doctrina de la ciencia, entonces de aquí resulta justamente que, no obstante, el hilo conductor determinante y normativo de la filosofía y de la determinación de su objeto no puede ser el *pensar*. Cfr. también: A = A como un caso de yo = yo. Solo que, justamente a causa de este remontamiento hasta detrás de la lógica, el «saber» como *«yo»*

IX. El idealismo alemán y el tratamiento de la pregunta conductora

me pienso y, por tanto, el *pensar* en su realización, pasa a ser *más que nunca* hilo conductor: *Tat-handlung*, autoponerse, síntesis de acción y hecho. Cfr. luego en Hegel: la *dialéctica* como «*movimiento*» del saber absoluto («Lógica»). El concepto de «*idea*».

83.

Schelling

La filosofía es *una obra de la libertad*. Es el elemento del propio espíritu. Hay una contradicción con el mundo, una ruptura entre intuición y objeto (que Hegel llama «escisión»), pero todo esto visto desde la síntesis de sujeto-objeto, es decir, desde el *yo pienso* y desde la *unidad*. La filosofía consiste en *volver a asumir esta separación*, preguntar por lo representado, poner*se por encima de este, lejos* de él, liberarse en sí mismo. La escisión es: espíritu – materia. Re-pre-sentar: tener algo *ante* sí y para sí y, por tanto, «bajo» sí, eso es la «libertad». Yo represento: con esto, el hombre se ha arrancado del mecanismo (de la relación causa-efecto).

Cfr. indicación a Leibniz. *Ideas sobre una filosofía de la naturaleza*, Introducción XXI.[145] Filosofía: doctrina de la naturaleza de nuestro espíritu, XLVI.[146] El sistema de la naturaleza es el sistema de nuestro espíritu. El espíritu es la organización como fundamento de lo orgánico. Pregunta de la filosofía de la naturaleza: cómo surge necesariamente en nosotros la idea de la naturaleza, la organización absoluta.

---

145 Friedrich Wilhelm Joseph Schelling, *Ideen zu einer Philosophie der Natur*, en *Sämtliche Werke*, apartado I, vol. 1, edit. por K. F. A. Schelling, Stuttgart y Augsburgo, Cotta, 1856-1861, p. 21.
146 Ibíd., p. 46.

83. Schelling

LXIV:[147] *naturaleza* – el espíritu visible   ↘
                                                        organización
      espíritu   – la naturaleza invisible ↗

La *«organización»* es un todo que existe por sí mismo. El *todo* no surge por composición. El todo se toma como individualidad absoluta. Solo se puede demostrar *espiritualmente*. Es un proyecto que configura originalmente.

En todas partes es rector: el *«yo represento algo»* (sujeto – objeto). Entidad significa estar representado para *un yo*. Aquí, el «yo» es el primer ente en cuanto lo que se *pertenece* a sí mismo. Lo *representado*, inicialmente, es el *no-yo*.

El no-yo: 1. simplemente lo *contrario* al *yo*.
             2. el no-*yo*, ¿sino? Lo *representado en sí*, pero pese a todo yoico, en el sentido de que el yo no es el primer fundamento.

Sujeto-objeto según Hegel: 1. subjetivo: Fichte
                                      2. objetivo: Hegel
                                      3. identidad de ambos, *asunción* en la identidad absoluta. *La identidad de lo idéntico y lo no idéntico.*

Schelling se encuentra de camino a concebir la *identidad* como tal, como lo absoluto. La idea es el más inmediato, primero y más puro pertenecerse dentro del *más extremo enajenamiento* (intuición intelectual). La identidad es el ζυγόν absoluto como origen del espíritu y la materia.

---

147 Ibíd., p. 54.

IX. *El idealismo alemán y el tratamiento de la pregunta conductora*

84.

SCHELLING: FILOSOFÍA DE LA IDENTIDAD 1795-1806

«Sobre la posibilidad de una forma de la filosofía en general», 1795. *Lo que aquí se quiere es la Doctrina de la ciencia*. La forma de la filosofía, el modo, es decir, la certeza del *saber absoluto* se toman de él mismo. La identidad está fundada en el *incondicional estar puesto* (es decir, no solo «formalmente»). El *estar puesto y poner*. El *espíritu* como principio incondicional. La Tat-*handlung*, la autoposición, síntesis de acción y hecho. La *idea* es la forma primordial del *yo*, y solo lo que *es* así puede determinar lo ente como ente. La finalidad última es la *identidad* del no-yo con *el yo*. La naturaleza ya no es solo transcendental, sino que *pertenece* al espíritu mismo, es su *otra* esencia. Hay una *intuición* y, por tanto, *aquí* ya no hay *separación*.

El *en-sí* es la *relación pura de identidad*. Es el *pertenecerse más inmediato y más puro* del representante y lo representado (mientras que el pensamiento como reflexión separa, es decir, refiere a un tercero, al concepto) (y no porque esté ansioso de experiencia y plenitud: ¡no!).

La *analogía* entre «conocimiento» y materia. Idea. El pertenecerse más inmediato y más puro en la enajenación más extrema. De *la naturaleza* al sistema. Considerar la naturaleza como lo *incondicional*. Filosofar sobre la naturaleza significa crear la naturaleza. Lo orgánico: *dentro y fuera*. Lo que se opone: irritabilidad. El pensar y el ser *se corresponden y pertenecen* mutuamente como proceso fundamental de lo ente mismo.

X.

SCHELLING.
LA FILOSOFÍA NEGATIVA
Y LA FILOSOFÍA POSITIVA

85.

[LA MEDITACIÓN SOBRE LA FILOSOFÍA NEGATIVA
Y LA FILOSOFÍA POSITIVA DE SCHELLING]

¿Por qué dentro de nuestra tarea es especialmente importante la meditación sobre la filosofía tardía de Schelling? Porque aquí, en la *filosofía* positiva, según parece, se abandona el *hilo conductor*. ¿En qué medida? Parecería que la ratio queda desplazada, pero sucede al contrario. No es que el hilo conductor se abandone, sino solo que vuelve a hacerse *inexpresable*. No es que se abandone, sino solo que él no *deriva* en primer lugar y por sí mismo lo ente en cuanto tal, a modo de causa, determinándolo como entidad.

Para Schelling no representa *ninguna dificultad* comenzar con lo que hay que pensar necesariamente, que ya viene dado desde el *concepto de la ciencia* como lo más incuestionable. La filosofía negativa es aquello *sin* lo cual ningún conocimiento es posible. Pero sí representa una dificultad seguir adelante a partir de ahí (de la filosofía negativa), si es que se debe llegar a lo ente mismo. ¿Cómo se debe llegar al *comienzo positivo, que porta en sí el negativo*? (Ni racionalismo ni empirismo.)

I, X 216:[148] hay que mantener la filosofía racional, pero llevando a cabo únicamente aún una última tarea: la explicación positiva de lo real. La filosofía de la naturaleza piensa el hecho puro, la naturaleza. El proceso del mundo es *el creciente sobrepeso de lo subjetivo sobre lo objetivo*.

---

148 Friedrich Wilhelm Joseph Schelling, *Vorrede zu einer philosophischen Schrift des Herrn Victor Cousin (1834)*, en *Sämtliche Werke*, apartado I, vol. 10, p. 216.

86.

Schelling

El empuje hacia lo «positivo» es, desde el comienzo, el empuje fundamental de su filosofía, solo que se desarrolla bajo diversas figuras y en función de con qué se esté confrontando Schelling en ese momento (cfr. más adelante en este apartado: 1. a 4.)

El empuje fundamental busca lo *ente mismo* como lo existente, es decir, por sí mismo hacia y desde sí mismo. Pese a ello, en contraposición a lo ente en la medida en que este es lo representado (objeto), es decir, en la medida en que la entidad está determinada como el estar pensado por el pensamiento que piensa por anticipado, dicho empuje fundamental determina lo ente en eso que en lo representado en cuanto tal, la mayoría de las veces, no puede pensarse: lo «meramente» ente. Conforme a este empuje fundamental, Schelling quiere ganar de nuevo y en primer lugar lo *existente*, y concebirlo a este en su fundamento propio. Este querer volver a ganarlo es una *«restauración»* de la experiencia cristiano-aristotélico-platónica de lo ente en cuanto lo existente. (Cfr. más adelante.) Considerándolo más originalmente, este empuje fundamental busca, sin saberlo, la φύσις – ἀλήθεια, lo que brota desde sí y está en sí: lo inicialmente ex-sistente, y lo que propiamente cabe llamar así, lo que sale de sí mismo; pero, y esto es decisivo, Schelling ve solo que aquí la razón ya *no* puede entrar en juego como lo que piensa *por anticipado*, sino a ciegas, es decir, que aquí simplemente tiene que limitarse a asumir. Pero no busca la ἀλήθεια ni el campar de esta entidad como οὐσία. ¿O quizá sí? Él busca lo compareciente en su comparecencia: la «existencia» (XIV,

354)[149] en el sentido tradicional. Pero ya tiene (¿de dónde?) el concepto superior de lo existente como el *espíritu* y la *libertad*, yoidad. Esto es el Dios cristiano, el pensar y el querer absolutos, y esto como el absoluto saberse, y esto en modos determinados de la dialéctica con ayuda de la distinción entre potentia y actus. Aunque la carta a Weiße del 6 de septiembre de 1832 (*Leben und Briefe*, III)[150] habla contra Hegel, sin embargo, al mismo tiempo, busca reenganchar con la línea del verdadero progreso.

Schelling quiere remontarse hasta más atrás de la línea de Descartes – Kant – Hegel, para hacer de lo existente en cuanto tal el punto de partida de la filosofía, pero queriendo mantener pese a todo al mismo tiempo, justamente, la filosofía racional desde Descartes, junto con la ontología anterior, como algo que es indispensable pero que nunca es suficiente.

En la filosofía negativa, el ens es el ens perceptum. En la filosofía positiva, el ens es el ens existens (non per existentiam sed a se).[151] Lo *negativo* es el prius que no se puede no pensar, en la medida en que lo ente, y también lo absoluto, se piensa, es decir, se hace objetual (ontología). Lo *positivo* (el comienzo que porta en sí lo negativo) es lo que se presenta por sí mismo como el fundamento de sí mismo y de todo ente como algo creado (ontoteología).

Pero ¿merced a qué y cómo esta filosofía, en cuanto negativa y positiva, es siempre una única filosofía? Porque en el comienzo lo ente fue determinado en su ser-qué, y fue experimentado como existiendo (τί y ὅτι), pero de modo que el origen y la necesidad *de esta* distinción permanecieron oscuros y quedaron sin ser cues-

---

149 Friedrich Wilhelm Joseph Schelling, *Philosophie der Offenbarung*, vol. 2 (1841); en *Sämtliche Werke*, apartado II, vol. 4, p. 354.
150 *Aus Schellings Leben. In Briefen*, edit. por G. L. Plitt, 3 volúmenes, 1869-70, vol. 3, pp. 62 ss.
151 «El ente es el ente existente, no por la existencia, sino por sí mismo.» [*N. del T.*]

X. Schelling. La filosofía negativa y la filosofía positiva

tionados, y también en Schelling siguen siendo obvios. De esta manera hay cierto regreso al primer comienzo, *pero* desde el campo de visión de sus consecuencias, y *no* desde el fundamento del otro comienzo.

Pero esta distinción se pone de relieve ya tempranamente en Platón y Aristóteles, en la figura esencial de lo ente en general y del ente supremo, de modo que esta duplicación en «ontología» y teología recorre toda la filosofía occidental, volviendo a aparecer aún también en la duplicación de Nietzsche en voluntad de poder y eterno retorno. Es decir, la metafísica occidental es onto-teología.

En Schelling, el *motivo* para tal prosecución de este empuje fundamental hacia lo positivo es, en todo momento, el dominio –que a él mismo lo determina conjuntamente– de la filosofía negativa –como *él* la llama–, en lo que al mismo tiempo resuena cierta minusvaloración, en el sentido de que ella, por sí misma, *no* es aún la filosofía. En la medida en que la filosofía negativa es presentada en el «sistema» del conjunto, el tránsito a la filosofía positiva tiene que plantearse entonces de la siguiente manera:

El pensamiento, que piensa por anticipado, del estar pensado lo ente como objeto del saber absoluto, pierde al final el dominio sobre sí y resulta afectado por el hecho de que, en aquello que él piensa, no puede poseer en su verdadero contenido a lo ente en cuanto lo real, resolviéndose así (!) a tomar su punto de partida en lo ente que no puede pensarse por anticipado: lo existente.

Pero este *«resolviéndose así»* y aquel resultar afectado, al cabo, solo son posibles *si* el pensamiento, la razón, *saben ya* de lo existente en cuanto tal: este saber es lo primero y lo impulsante. Pero Schelling lo realiza como una dialéctica de la existencia de aquello que *existit non per existentiam sed natura sua necessaria.*[152]

---

[152] «Aquello que existe no por la existencia, sino por su naturaleza necesaria.» *[N. del T.]*

86. Schelling

La pregunta de cómo el absoluto, siendo idea, llega hasta la realidad, es solo una pregunta si se *niega* la interpretación de la entidad de lo ente –y, por tanto, de la realidad– como la objetualidad del saber absoluto, y si se supone la realidad como la existencia en el sentido de aquello que surge por sí mismo. (Pero ¿de dónde y cómo viene la posición fundamental respecto de esto existente?) Con la expansión de la interpretación de lo ente como ἰδέα – perceptum – objeto, de alguna manera se ha generado la presión en sentido contrario, la presión en dirección a lo existente en cuanto tal, mientras que inicialmente, en el primer comienzo, lo ente se experimentaba como φύσις; una experiencia a la que, sin embargo, ya no puede conducir el movimiento hacia atrás que lleva a cabo Schelling porque, a pesar de todo, este movimiento hacia atrás que hace queda apresado en el idealismo y en su dialéctica, y no plantea la pregunta por el *hilo conductor*, es decir, no pregunta por la verdad de la diferencia del ser.

Pese a todo, dentro del idealismo alemán, este empuje fundamental hacia lo *positivo* que hay en Schelling es algo propio y decisivo, eso que cabría llamar el ἔρωσ de Schelling.

1. Ya solo que no se pueda conformar con lo negativo del *no-yo* fichteano, sino que tenga que concebir la *naturaleza* desde sí misma como el espíritu visible, apunta a algo distinto, a algo que viene al encuentro del yo.

2. Que luego, cuando ya está fijada la identidad de la inteligencia y la naturaleza, de nuevo no se conforme con una dialéctica recíproca de ambas, sino que regrese al fundamento de ambas como la *indiferencia absoluta*, evidencia el mismo empuje fundamental, aunque aquí Schelling caiga en el grandísimo apuro de tener que decir de forma puramente negativa aquello que, en realidad, está pensando *positivamente*.

3. Y sobre todo, el empuje fundamental hacia lo existente, como lo primero en el paso que hay que realizar ahora, muestra en qué lugar eleva Schelling la oposición entre inteligencia y na-

X. Schelling. La filosofía negativa y la filosofía positiva

turaleza a la oposición entre necesidad y libertad, de modo que la libertad y la voluntad en cuanto tales pasan a ser lo primero que se presenta *por sí mismo*, y de este modo el primer ente. Aquí alcanza Schelling el *nivel supremo* de su filosofía, y acaso de toda la metafísica *occidental* (cfr. la interpretación del tratado sobre la libertad, del semestre de verano de 1936).[153]

4. El empuje fundamental hacia lo existente se despliega por fin en la última forma restauradora, marcadamente teológico-cristiana, haciéndose ahí, por decirlo así, totalmente «enérgico» y una pronunciada oposición a todo racionalismo. La creciente oposición a Hegel lo vuelve cada vez más dependiente de este, y lo *positivo* se vuelve cada vez más impreciso y esquivo. Por eso, lo propiamente estimulante del pensamiento de Schelling *tampoco* se encuentra en la filosofía tardía: en el ámbito que ella asume (el mundo cristiano-aristotélico-platónico), dicha filosofía tardía es solo el puerto salvífico para el barco en la travesía tempestuosa del tratado sobre la libertad. ¿Por qué no «se quedó» Schelling en alta mar?

Así se da la circunstancia de que justamente el Schelling de la *filosofía tardía*, que ahora gusta de hacerse pasar a veces por el cumplimiento anticipado de *Ser y tiempo* (porque ahí se habla de «ontología» y de «Aristóteles», de la facticidad y de este tipo de cosas), es *el que menos* idea tiene de lo que se necesita para *la superación del auténtico «racionalismo»*. Para esta superación, lo primero que se exige es comprender *metafísicamente* el *«racionalismo»*, es decir, comprenderlo como *la* posición fundamental dentro de toda la metafísica occidental, que tampoco se halla superada en la filosofía positiva: comprenderlo como *la* posición fundamental, conforme a la cual *el pensar y su «verdad»* dan, como una condición previa, el horizonte para la interpretación

---

[153] Martin Heidegger, *Schelling: Vom Wesen der menschlichen Freiheit (1809)*, GA 42.

de lo ente en cuanto tal, y concretamente también de lo ente en cuanto lo existente (compareciente). También lo «existente» natura sua,[154] y ello antes que nada, es percibido desde el νοεῖν de la razón ciega.

87.

¿Qué significa el intento de Schelling de distinguir la filosofía positiva y la negativa dentro del conjunto de la filosofía occidental?

Pero pese a todo, y también al margen de la cristiandad de la teología, ¿en qué medida es esto una recaída y no una pregunta original? En primer lugar, por la mezcla, que *todo* lo confunde, de la diferencia del ser y lo ente: el ser = lo ente. Hay una resolución de la razón de partir de lo ente *antes* de todo pensar. ¿No se produce aquí entonces un *destronamiento del hilo conductor de la metafísica occidental*?

Pero la filosofía positiva representa más que nunca el *ámbito del pensamiento especulativo moderno*. XIV, 344.[155] Ella asume la categoría aristotélica usual y el pensamiento de la creación: producir, sacar afuera... entidad, estar producido, τέχνη. Al mismo tiempo, se inmiscuye la identidad de sujeto-objeto. 355.[156] Solo lleva a cabo un determinado remontamiento por detrás de Descartes hasta los griegos, pero considerados a la manera cristiana: por detrás del *ens perceptum*. Pero ¿justamente *no* más allá de ello? Para ello se necesita un regreso original, es decir, otro co-

---

154 «Lo que existe por su propia naturaleza.» *[N. del T.]*
155 Friedrich Wilhelm Joseph Schelling, *Philosophie der Offenbarung*, p. 344.
156 Ibíd., p. 355.

X. *Schelling. La filosofía negativa y la filosofía positiva*

mienzo frente al primero y que de este modo, más que nunca, sea necesario *desde* este. Este regreso sería hacer *la pregunta por la verdad de la diferencia del ser*. Es significativo cómo entiende Schelling el ser-ahí como lo existente de lo presente por antonomasia. XIV, 354.[157] Lo que se puede hallar absolutamente, ahí donde Dios se halla a sí mismo en la medida en que *él se quiere*. Lo contingentemente necesario de su libertad como la necesidad necesaria. El *comienzo que hace propio*, lo que propiamente *atrae a sí* al auténtico ser. La potencia atrayente. El sujeto pasa a ser el ser como diferencia.

Precisamente en Schelling se hace claro del modo más apremiante qué ineludible tiene que llegar a ser la pregunta por la verdad de la diferencia del ser, aunque solo sea en atención a la distinción, usual en la metafísica, entre el ser y lo ente.

88.

SCHELLING. DEDUCCIÓN DE
LOS PRINCIPIOS DE LA FILOSOFÍA POSITIVA

Lo que «existe incondicionalmente» antes que todo pensar, «el ser» (!), «*el ser que no cabe pensar por anticipado*» (lo «existente»); lo ciego, lo contingentemente necesario; aquello que el pensamiento no puede pensar por anticipado como prius, es la *monas* misma, la auténtica monas, lo permanente, el principio que está por encima de todo. ¿O es solo «el primer modo de manifestación de la auténtica monas», es decir, *la divinidad de Dios*? Solo esto.

En lo existente que no puede pensarse por anticipado, el *actus* es previo a toda posibilidad. Le vuelve por vez primera posible a la

---

157 Ibíd., p. 354.

88. *Schelling. Deducción de los principios de la filosofía positiva*

potencia que se manifieste. Cfr. Aristóteles, *Metafísica* Θ 8. *Natura necessaria, lo necesario conforme a su naturaleza,* lo independiente de toda posibilidad antecedente: lo libre. Y si la *potencia* es, entonces solo es gracias al querer de lo absolutamente libre. *Esta realidad que se anticipa a toda posibilidad* no cabe «pensarla» (a saber, no se puede pensar mediante el a priori). ¿Sino? Es lo eterno. Es la divinidad de Dios, que merced a este mismo se hace pura potencia de este mismo.

«Lo necesariamente necesario tiene en su poder ser, en calidad de lo cual se ve a sí mismo, una posición fuera del ser.» XIV, 348.[158] Dios es quod existit, sed non per existentiam existit,[159] es decir, no por *su estar presente,* sino libremente en su voluntad, a *se.* El ente *necesariamente* necesario. Necesario *natura sua.*[160]

La razón ciega pone simplemente lo necesario actu.[161] Ser creador es presentarse en su divinidad. Dios es el *Señor* del ser. *Ser Señor* consiste en *poder ser fuera de sí,* en que puede engendrar un ser diferente del suyo. Este fuera de sí (aparte de sí, y restableciéndose *a sí* justamente de este modo) y *la libertad absoluta* son *la bienaventuranza absoluta.* XIV, 351.[162]

Frente a ello, lo *más penoso* es pensar siempre en sí mismo. XIV, 352.[163]

(¿Qué temple fundamental es aquí el hilo conductor de la construcción?)

El *dar espacio* para la creación. (Por eso, el espacio es la forma a priori de todo ser finito.) XIV, 353.[164]

---

158 Ibíd., p. 348.
159 «Dios es lo que existe, pero no existe mediante la existencia.» *[N. del T.]*
160 «Necesario por su naturaleza.» *[N. del T.]*
161 «Lo necesario en acto.» *[N. del T.]*
162 Friedrich Wilhelm Joseph Schelling, *Philosophie der Offenbarung,* p. 351.
163 Ibíd., p. 352.
164 Ibíd., p. 353.

X. Schelling. La filosofía negativa y la filosofía positiva

89.

[Jaspers]

La concepción que tiene Jaspers de la ontología y la metafísica. La relación con Schelling. Se *rechaza* la filosofía negativa, «ontología».

Pero en Jaspers la filosofía positiva es kantiana: cfr. *el escrito de las cifras.*

Lo racional como *juego* para «transcender»: expresión de Schelling.

NOTAS COMPLEMENTARIAS

Nota complementaria 2 (a capítulo 2)

Sobre I.

El desarrollo de la pregunta conductora

Nota complementaria 1 (a capítulo 2)

Dos formas de concebir al hombre:
1) como animal rationale: el animal racional
2) como el ser vivo que percibe lo ente en cuanto tal.

Ambas concepciones se refieren a lo mismo, y sin embargo son distintas; sobre esto, cfr. *más adelante*.

Nota complementaria 2 (a capítulo 2)

1) Indicación formal separada del *ser-ahí*.
2) Ser-ahí con referencia a la diferencia del ser (comprensión del ser).
   Esta «referencia» y la relación sujeto-objeto (cfr. *Del acontecimiento de hacer apropiado: El salto – El campar la diferencia del ser*).[165]
3) La indicación para el ser-ahí (cfr. *La fundación, La existencia*).[166]

---

165 Martin Heidegger, *Beiträge zur Philosophie*, GA 65, pp. 286 ss.
166 Ibíd., pp. 307-326.

Sobre II.

La pregunta conductora de la metafísica occidental y el regreso a la pregunta fundamental

Nota complementaria 3 (al capítulo 27)

El *porqué*. Suponiendo *en general* que sí (que), entonces *así* y no de otro modo (qué). *Suposición* sobre la no coincidencia entre lo que *encontramos como presente ante nosotros* y nuestros deseos (*Voluntad de poder*, 331[167]). Pero ¿de dónde y cómo lo que está a disposición *y* lo deseable? *Qué tipo de ámbito es y en qué pertenencia mutua se encuentra lo cristiano-platónico*, pero todo más profundamente: desde el ser-ahí (verdad) (acontecimiento de hacerse apropiado) en la existencia. Ambos *al mismo tiempo*, y en todo momento simultáneos, es decir, no uno contra el otro. ¿Y ambos en qué ámbito? *Sin* coincidir y, por tanto, siempre modificación, desesperación, es decir, siempre la pregunta por el porqué.

Pregunta por el porqué: *¿por qué* (por qué motivo y en qué medida) preguntamos por qué? ¿Y puede esta pregunta llevar al ser hasta delante de sus barreras? Y en caso de que sí, ¿cómo? El porqué y el ser-ahí. El ahí, lo abierto, y de esta forma el hueco entre lo próximo y lo más lejano. Por qué: *la voluntad de fundamento*, de razón porque el ahí es abisal y sin fondo. Cfr. *De la esencia del fundamento*.[168]

---

167 Friedrich Nietzsche, *Der Wille zur Macht*, n.° 331.
168 Martin Heidegger, «Vom Wesen des Grundes», en *Wegmarken*, GA 9, pp. 123-175.

Nota complementaria 5 (al capítulo 45)

Sobre IV.

Sobre la posición metafísica fundamental de Platón

Nota complementaria 4 (al capítulo 44)

¿Por qué la filosofía occidental desde Anaxágoras hasta Nietzsche es «metafísica»? Porque pregunta por lo ente en cuanto tal, experimentándolo en el comienzo como φύσις, de modo que su *entidad* (el μετά en sentido temático) tiene que estar determinada desde la φυσικά. Pero esto *es* posible desde Platón, desde la οὐσία como ἰδέα; κοινόν; desde que la pregunta por la *entidad*, οὐσία, se atranca y tuerce hacia la ἰδέα τοῦ ἀγαθόῦ, y de este modo hacia la εὐδαιμονία – ἔρωσ – νοῦς.

¿Qué significa este torcer?

Solo se habla de la *verdad* de lo ente (Rep. VI E), y no de la *entidad* misma, y la verdad *misma* no se toma como *pregunta*.

Nota complementaria 5 (al capítulo 45)

εἶναι – δύναμις – τῶν εἰδῶν κοινωνίας (ἕν)
ὄν
κίνησις (ψυχή) – στάσις
      γιγνώσκειν
      νοεῖν
ἕτερον
ταὐτόν
Algo es *lo* otro (ónticamente) → κίνησις «es» στάσις
Algo es distinto (ontológicamente) cfr. ὄν → lo ente → *lo ente*
        ↓   κίνησις «es» ἕτερον

Notas complementarias

Ambos son cada uno él mismo sin ser ambos lo mismo.
El ἕτερον en la κοινωνία con los restantes.
λέγειν τί καθ᾿ αὑτά
 τὰ δὲ πρὸς ἄλλα (πρὸς τί)
ἕτερον *como* μὴ ὄν (o bien, μὴ ὄν es ἕτερον) μόνον. El ὄν *permanece*, pero μὴ ὄν *es* ὄν.

NOTA COMPLEMENTARIA 6 (AL CAPÍTULO 47)

1. *El sofista*
2. ἰδέα y ἐπέκεινα   ¿Fundamento de la «transcendencia»?
                         ἀγαθόν ¿Para qué es *idóneo*?
3. Desarrollo de la   *Idoneidad*
   pregunta conductora   *¿Para qué es bueno?*
                         El «ser bueno para» como *determinación fundamental de la entidad.*

Sobre VI.

LA POSICIÓN METAFÍSICA FUNDAMENTAL DE DESCARTES

NOTA COMPLEMENTARIA 7 (A CAPÍTULO 54)

III. De Deo, quod existat, «De Dios; que Él existe», es decir, el aseguramiento de la lumen naturale, de la regula generalis en el sentido de su propia pretensión de certeza. Usualmente se toma esta meditación de Descartes como una recaída en la teología, saliéndose fuera de su método y su posición. Pero se trata justamente de todo lo contrario. Más bien, aquí se plantea el paso con base en el cual lo incondicional mismo se desplaza al ámbito de

Nota complementaria 7 (al capítulo 54)

lo que el «yo pienso» puede saber, otorgándole su fundamentación absoluta por sí mismo. Esta conexión solo llega a un desarrollo riguroso, a través de Kant y Leibniz, en *Hegel*.

Pero en primer lugar es importante la pregunta de cómo se hace necesario el aseguramiento, partiendo de las *Meditationes* I y II. Según la regula generalis, el yo es yo pienso. Y esta regula generalis se ha obtenido de la primera certeza: cogito – sum.

Con la regula generalis, basada en el primer firmum[169] (cogito – sum), viene dada la posibilidad de evitar la caída improgramada en engaños (cfr. *Meditatio* I). Pero con ello no se elimina la posibilidad de engañarse (cfr. *Meditatio* IV: error). Al contrario: con la necesidad de la regula generalis justo se confirma que constantemente existe la posibilidad de engañarse. ¿Para qué entonces la regla?

Pero *aún suponiendo* que el yo, ateniéndose a la regla, no se engañe a sí mismo, sin embargo puede *ser engañado*. Aunque evite el «error» y solo se atenga a lo ente que es para él, sin embargo *puede* estar en una confusión, *puede* estar en el error; y concretamente en un error total, y encima completamente oculto para él, y tanto más oculto cuanto más en exclusiva se atenga a la regula generalis.

¿Por qué? Porque el «yo pienso», *a pesar de disponer* sobre la entidad (sobre todo el estar representado en referencia a aquel), es más, justamente por disponer sobre esta, no tiene a lo ente bajo su dominio. Pues, según Descartes, lo ente no es creado en modo alguno por el ego, sino que lo perceptible le está *dado*: él distingue entre ideae *innatae*, *adventitiae* y, ciertamente, también a me ipso factae.[170] Justo por saber que uno puede engañarse, constantemente se sugiere la evidencia de la precariedad y, en este sentido, de la finitud del ego. Solo si este es en sí un límite, una

---

169 «La primera firmeza.» *[N. del T.]*
170 «Ideas innatas, ideas adventicias e ideas hechas por mí.» *[N. del T.]*

Notas complementarias

finitud, se da entonces la posibilidad de poder ser engañado, es decir, la posibilidad de que el «ego cogito», no obstante, no sea dueño de lo ente en cuanto tal.

Precisamente la interpretación de la entidad, que Descartes introdujo, como cierto estar representado (objetualidad), conduce a la *diferenciación, que ya no se siguió tratando*, entre lo ente mismo (cfr. cogitatum ens qua creatum a Deo)[171] y su *entidad* como estar representado por el ego finito. De esta forma, considerándolo desde esta última, puede darse aún la posibilidad de que la entidad, por muy cierta que sea, sin embargo no atine con lo ente, que no sea la entidad *de lo ente mismo*. Por eso, con base en la regula generalis y conforme a ella, se *tiene que* mostrar que la entidad es la verdad de lo ente mismo, es decir, diciéndolo con términos cartesianos: la regula generalis es a Deo, no es un malum, en cuanto tal no conduce a engaño, es decir: el «Sistema preformativo», cfr. Kant, *Crítica de la razón pura* B 167.

Precisamente con el dominio de la Regula se fundamenta por vez primera la finitud del «ego cogito», y a este «yo pienso» no se lo debe falsear de ninguna manera tomándolo como una conciencia general, es decir, incondicional.

El aseguramiento de la Regula se hace necesario a causa de la interpretación, que ella misma plantea, de la entidad como *certeza*, del verum ens como certum, pues justamente por causa de esta lo ente mismo podría ser sin embargo distinto, o bien la entidad en sí misma podría ser algo que no perteneciera a lo ente. Cfr. sin embargo Opp. VII, 144 s., Secundae Responsiones, cfr. más adelante. Pero en las Secundae Responsiones Opp. VII, 144 ss.[172], Descartes parece rechazar el aseguramiento posterior de la regula generalis *por ser superfluo*, y basarse simplemente en la regula generalis misma. Sin embargo, de esta, y de lo que para ella

---

171 «Ente pensado en cuanto creado por Dios.» *[N. del T.]*
172 *Œuvres de Descartes*, tomo VII, pp. 144 ss.

Nota complementaria 7 (al capítulo 54)

es posible, forma parte la *certeza* de la existencia de Dios y, por tanto, y conforme a su propia exigencia, de ella también forma parte que la regula generalis esté asegurada. Pero solo lo parece porque aquí se presupone justamente que incluso la *última* causa dubitandi, creditor como deceptor,[173] ha sido ya *eliminada*. Si es así, entonces ya no nos preocupa en lo más mínimo la hipótesis vacía de una falsitas absoluta.[174]

Aquí, en un pasaje decisivo del tratamiento de la pregunta conductora, se aprecia la relevancia y la fatalidad de la *distinción* entre entidad y ente.

Pero aquí se aprecia al mismo tiempo el desdoblamiento de la interpretación del ego cogito del hombre: 1) desde la cogitatio, 2) como ens creatum. (Cfr. Semestre de verano de 1937. La consideración «externa» e interna; Leibniz.)[175]

Ahora bien: según esta conexión, también *esta demostración de Dios* es singular: no es del tipo de las usuales interpretaciones cosmológicas y tampoco del tipo de la interpretación ontológica de San Anselmo. La demostración se mueve *en* la distinción entre la realitas formalis y la objetiva, concretamente de la idea, es decir, del percipere como perceptum, es decir, del *cogito* como tal y, por tanto, al mismo tiempo, del cogito finito, *finitum*.

El modo como se lleva a cabo podrá ser cuestionable en puntos aislados, pero lo esencial aquí es, primero, el movimiento de preguntar y de proceder y, por tanto, la inclusión del infinitum en la *objetualidad* del «yo pienso». A partir de aquí se vuelve más evidente que nunca que la interpretación de la entidad de lo ente es remitida siempre a una fundamentación incondicional. Cfr.

---

173 «La última causa para hacer dudar: que el creador es un engañador.» *[N. del T.]*

174 «Falsedad absoluta.» *[N. del T.]*

175 Martin Heidegger, *Nietzsches metaphysische Grundstellung im abendländischen Denken*, GA 44.

en Platón la ἐπέκεινα y en Aristóteles el θεῖον. ¿Con qué guarda relación esto? Con el hecho de que no se pregunta por la verdad de la diferencia del ser, de modo que la entidad, considerada desde lo ente, *se queda siempre en un añadido posterior*, y por eso, en último término, tiene que estar causada a su vez por un ente. Todo esto mientras no se haya llevado a cabo el salto grande y distinto a la diferencia misma del ser, donde es justamente la *finitud de la diferencia del ser*, y no de lo ente, la que impide preguntar por *causaciones*.

Hay que mostrar: facultas ad verum agnoscendum non tendit positive in falsum; al menos si saltem cum ipsa recte utimur, rectus usus; *seguir* la regula. Facultas y, por tanto, la regula que le corresponde y que en cuanto tal está determinada. *Tensio in verum*.[176]

Si queremos dudar aún de lo conocido conforme a la regla, entonces tenemos que declarar a Dios un engañador. La tensio de la regla, y esta misma, son indubitables si Deus es creator. Solo entonces se cumple quod cum ratione licet optare.[177] Pero ¿por qué puede sugerirse aún una duda? Justamente porque lo certum se evidencia primero solo como certum relative *ad me* finitum, y no ya como verum absolutum.[178] Porque entidad = *estar representado* por el «ego cogito».

---

176 «Tensión hacia lo verdadero.» *[N. del T.]*
177 «Lo que es lícito desear con la razón.» *[N. del T.]*
178 «Lo cierto relativamente a mí como finito, y no ya como una verdad absoluta.» *[N. del T.]*

Nota complementaria 9 (al capítulo 66)

Sobre VII.

La posición metafísica fundamental de Leibniz

Nota complementaria 8 (al capítulo 65)

Unitariedad de lo uno: mónada
a) simplicidad: fundamento de la unidad
b) conservando la unidad original
c) unificando simple y originalmente, individualizándose
d) unidad: *presente* aun cuando las mónadas durmientes sean *imprecisas y oscuras.*
percipere como appetitus
vis
Conclusión de los principios. Kant y la yoidad. (Cfr. capítulo 66/3.)
Tránsito a Fichte.

Nota complementaria 9 (al capítulo 66)

Unidad y monas. [Distinguimos entre] la determinación del ens como unum, en el sentido de los transcendentales escolásticos (omne ens est unum; ens et unum convertuntur),[179] y la interpretación del ens qua substantia como monas.

Hay que distinguir *los dos cuestionamientos en general*: ens = res – aliquid (modus generalis entis).[180] Substantia, tomada en

---

179 «Todo ente es uno. El ente y lo uno se convierten uno en otro.» *[N. del T.]*
180 «Ente = cosa, algo (modo general del ente).» *[N. del T.]*

sentido escolástico, es un modus specialis entis:[181] specialis, es decir, referido a un contenido objetivo específico: lo ente de un respectivo ámbito determinado.

Pero también al margen de esto: Leibniz no toma en modo alguno la «unidad» formal (lo uno y lo otro) como hilo conductor, sino la «unidad» en el sentido de la οὐσία, es decir, comparecencia, concretamente como *estar representado en la perceptio*. La unidad en la *determinación* presencial es el *estar reunido*, concretamente de lo congregante: lo múltiple. Totum – simul – praesens.

Nota complementaria 10 (al capítulo 66)

La última vez hicimos una interpretación de¹ § 30 de la *Monadología* empezando por el medio. ¿Por qué? ¿Qué se trata aquí?

1. Saber de la entidad de lo ente, *ens verum*. *Veritates necessariae*, aquellas que determinan necesariamente *toda* veritas *como* veritas, que constituyen su esencia. Verum esse, pero el auténtico esse se toma como ens. El conocimiento de estas veritates necessariae = *el conocimiento de la entidad* como tal. *Veritas – identitas* = *entitas entis*.

2. *Con base en él*, accesibilidad de lo *ente* en cuanto tal de *tal* tipo.

3. Este *saber* (de los principia) *corresponde él mismo a este ente, ap-perceptio*. No es ningún *añadido* ni ninguna mera transferencia, sino que es *originalmente monadidad*. Este *saber preliminar de los «principios»*, y el concepto kantiano de los *transcendentales*.

---

181 «Modo especial del ente.» *[N. del T.]*

Nota complementaria 11 (al capítulo 66)

El «yo» se toma como *lo que se pertenece a sí, la identidad abierta a sí misma, para lo cual es fundamental* el saber de la *identidad en cuanto tal*. ¿Cuál es el alcance de este planteamiento de la relación entre el *conocimiento de los principios* y la *«reflexión»*?

El *«ser yo»* no se funda en el mero volverse a sí mismo, sino que, a la inversa, el volverse a sí está mantenido por el conocer *lo ente en cuanto tal* (comprensión del ser). La *perspectiva* a la «identidad», en cuanto abierta, es lo primero que da *el ámbito* dentro del cual puede captarse algo *idéntico* en sentido original. El propio *«ser yo»* es un *saber* de la entidad en cuanto tal *(identidad)*: *ego cogito – sum*. Pero con ello se modifica también el «volverse a sí». El «yo» *puede saberse ahora como* el primer ente determinante propiamente dicho. ¿Por qué?

Desde la *identidad* aparece como lo originalmente *«idéntico»* y que *se pertenece*, pero sin embargo no como lo idéntico supremo, como *monas*, como lo que representa la entidad; la identidad en sí y, por tanto, ya la identidad desdoblada (la identidad *que se representa la identidad*), pero todo eso referido al *ego cogito*. Frente a *Descartes*, ahora hay un *concepto esencialmente distinto* del *ego* y de la yoidad. Aquí se considera solo lo que viene dado conjuntamente de modo necesario y como absolutamente cierto en toda cogitatio.

Ahora: la pertenencia que sabe de la identidad, y que *por eso* se pertenece propiamente a sí misma. *Yoidad como unidad*, cfr. Kant. Pero para Leibniz la *identitas no es sin embargo* expresa ni sistemáticamente esencial para la *monas* en el sentido de la yoidad, como lo es para el idealismo alemán. ¿Por qué no? ¡Siendo así que, después de todo, entitas = identitas!

Pero ahora todavía, y ahora justo más que nunca, el yo es el *ente primero y dado como tal*. Pero ahora, este estar dado *forma parte* expresamente de la esencia de la *yoidad*, a causa del saber de la entidad.

Planteamiento: el yo desde la *identidad*. Al mismo tiempo: el yo como la *identidad* (Doctrina de la ciencia y Lógica) *original* (Fichte). La *identidad* como lo *absoluto* mismo (Schelling).

Nota complementaria 12 (al capítulo 66)

Vis: 1) no es una mera potencia para algo que *esté en reposo* y que necesite del impulso y del *traspaso* a un nuevo estado: facultas.

2) no es un mero *acto* que ya haya *sido traspasado* al mero hacer adicional a la potencia (dejando tras de sí la mera potencia): actio.

Sino: *la potencia como potencia en acto* (correspondiéndose con la κίνησις aristotélica) *desde sí* (per se), δύναμις per se, es decir, para Leibniz, *entelequia* αὐτάρκεια. *El tránsito que viene de sí mismo a sí mismo*, es decir, el tránsito al *universum*, que está en un incremento. El *tránsito* que viene de sí, que se incrementa, que regresa a sí mismo, y todo *como* unidad (perceptio). Solo desde ahí se puede entender el significado del *changement*.

APÉNDICE:

PROTOCOLOS DEL SEMINARIO

1.

WALTER BRÖCKER, LA PARÁBOLA DEL SOL EN *EL ESTADO* DE PLATÓN. (LECCIONES DEL SEMESTRE DE VERANO DE 1936[182]).[183]

507 c 6-508 b 11:

«–Pero ¿te has dado cuenta –dije– de que la facultad que el creador de los sentidos creó como la más perfecta con mucha diferencia es la facultad de ver y de ser visto?

–No exactamente –dijo él.

–Pues piénsalo así: ¿sucede que el oído y el sonido necesitan aún de un tercer género para que uno oiga y el otro sea oído, de modo que, si no está presente ese tercero, uno no puede oír y el otro no puede ser oído?

–En modo alguno –dijo él.

–Y yo creo –dije– que también otros muchos sentidos, por no decir todos, no necesitan nada semejante. ¿O sabrías tú decirme alguno?

–Yo no –dijo.

–Pero la vista y lo visible, ¿no te das cuenta de que estos dos necesitan algo así?

–¿En qué medida?

---

182 Martin Heidegger, *Schelling: Vom Wesen der menschlichen Freiheit (1809)*, GA 42.

183 [Anotación manual en el margen:] Sobre esto, cfr. mis lecciones del semestre de invierno de 1931-1932. [Cfr. ahora: Martin Heidegger, *Vom Wesen der Wahrheit. Zu Platos Höhlengleichnis und Theätet*, GA 34, pp. 21 ss.]

Apéndice: protocolos del seminario

—Aunque en los ojos haya facultad de ver, y aquel que la tiene trate de emplearla, y aunque también esté dado para ellos el color (en autois), si no estuviera dado un tercer género que, según su esencia, está ahí expresamente para ello, entonces, como sabes, la vista no vería y los colores serían invisibles.
—¿De qué estás hablando? –dijo él.
—De eso que tú llamas la luz –dije.
—Es verdad –dijo.
—Así pues, a causa de un fenómeno («idea» no se emplea aquí en sentido terminológico) no insignificante, el sentido de la vista y la capacidad de ser visto están uncidos entre sí bajo un yugo más noble que los demás juntamientos, si es que la luz no es nada innoble.
—Muy lejos de que lo fuera –dijo él.
—¿A cuál de los dioses en el cielo consideras el autor de que su luz haga que nuestra vista mire lo más bello y de que lo visto sea visto?
—Al mismo que tú y que todos los demás –dijo–, pues evidentemente estás preguntando por el sol.
—Pues bien, según su esencia, ¿tiene la vista tal relación con este dios?
—¿Cuál?
—La vista no es el sol: ni lo es ella misma, ni lo es aquello donde ella se encuentra, y que nosotros llamamos los ojos.
—No.
—Pero pienso que el más heliomórfico de todos nuestros instrumentos sensoriales son ellos.
—Con mucho.
—Incluso la facultad que ellos poseen la tienen, por decirlo así, como una emanación que les ha sido participada por aquel.
—Ciertamente.
—De este modo, tampoco el sol es la vista, pero esta lo considera causa suya.
—Así es.»

1. Walter Bröcker, La parábola del sol...

Con lo dicho hasta ahora se corresponde el siguiente esquema:

$$\mathring{\eta}\lambda\iota o\varsigma$$
$$\phi\tilde{\omega}\varsigma$$
$$\cap$$
$$\mathring{o}\mu\mu\alpha \rightarrow \mathring{o}\psi\iota\varsigma \; \mathring{o}\rho\acute{\omega}\mu\varepsilon\nu o\nu \rightarrow \chi\rho\acute{o}\alpha$$

La luz es el yugo que unce al ojo y a su facultad de ver con el color y su capacidad de ser visto. La causa es el sol.

Ahora esto se transfiere al pensar.

508 b 12-c 2: «Y a este (al sol) me refiero –dije– cuando hablo del descendiente del bien que el bien mismo se engendró en el ámbito de lo pensable (análogamente), de modo que, tal como este se comporta con el pensar y con lo pensado en el ámbito de lo pensable, así se comporta aquel (el sol) con la luz y con lo visto en el ámbito de lo visible».

Es decir, con el sol se corresponde el bien, con la vista el pensar, con lo visto (color) lo pensado (idea). Pero aún no se ha dicho qué se corresponde en realidad con la luz.

$$\mathring{\eta}\lambda\iota o\varsigma = \mathring{\alpha}\gamma\alpha\theta\acute{o}\nu$$
$$\phi\tilde{\omega}\varsigma = ??$$
$$\cap$$
$$\mathring{o}\psi\iota\varsigma = \nuo\mathring{u}\varsigma \qquad \mathring{o}\rho\acute{\omega}\mu\varepsilon\nu o\nu = \nu oo\acute{u}\mu\varepsilon\nu o\nu$$

508 c 3-d 2:

«–¿Cómo? –dijo–. Muéstramelo más claramente.

–Los ojos –dije–, como sabes, cuando uno no los dirige a aquello sobre cuya superficie colora cae la luz del día, sino a la oscuridad natural, se embotan y casi parecen ser ciegos, como si no hubiera en ellos ninguna vista clara.

–Sí, totalmente –dijo él.

–Pero si uno los dirige a aquello que el sol ilumina, entonces ven con claridad, y se aprecia que en esos mismos ojos hay capacidad de ver.

–Así es».

Apéndice: protocolos del seminario

Pues bien, de la luz del sol, cuya esencia se determinó arriba como un yugo, aquí se está diciendo que resplandece sobre lo visible, es decir, que se hace visible en lo visto. Nosotros vemos aquello ὧν ὁ ἥλιος καταλάμπει.

Ahora sigue de nuevo la transferencia al pensar:

508 d 4-10: «Pues bien, considéralo también de modo correspondiente en el alma. Cuando ella está dirigida *a aquello que ilumina la verdad y lo ente*, entonces percibe y conoce y se evidencia como un alma que está en la razón. Pero si se dirige a lo que está mezclado con las tinieblas, lo que surge y perece, entonces meramente opina y queda embotada, cambiando sin cesar sus opiniones e igualándose a un alma que no tiene razón. Así se aprecia».

Así pues, el ojo ve ὧν ὁ ἥλιος καταλάμπει, y el alma percibe οὗ καταλάμπει ἀλήθεια καὶ τὸ ὄν.

De aquí se sigue que ἀλήθεια καὶ ὄν tienen que corresponderse con el φῶς. Son el yugo entre el pensante y lo pensado.

508 e 1-509 a 5: «Así pues, esto que concede a lo conocido la verdad y que da al cognoscente la fuerza para conocer, esto, digo, es la idea del bien. Ella es la causa del saber y de la verdad que se reconoce en el pensar. Pero por muy hermosos que sean ambos, el conocimiento y la verdad, solo la concebirás correctamente (a la idea del bien) si la concibes como algo diferente y todavía más hermoso. E igual que antes era correcto considerar que *la luz y la vista* son heliomórficas pero no son el sol mismo, así es necesario ahora considerar que *el saber y la verdad* son buenos, pero no son el bien mismo. Más bien, la constitución del bien hay que considerarla como algo aún mucho más venerable».

Aquí se dice en primer lugar que ἐπιστήμη καὶ ἀλήθεια tienen que corresponderse con φῶς καὶ ὄψις, es decir, otra vez, la ἀλήθεια es el ζυγόν.

Queda la pregunta: pese a todo, ¿cómo pueden encontrarse aquí la verdad y el saber como dos miembros uno frente a otro?

Lo pueden porque, aunque la verdad, igual que la luz, conforme a su[184] esencia es yugo, sin embargo, igual que la luz, resplandece en el objeto, se hace visible en él.

El yugo es ἀλήθεια καὶ ὄν, y exactamente en calidad de esto que vincula el saber y lo sabido se desarrolla el ὄν en el *Sofista*.

2.

Ponencia de Walter Bröcker

La posición metafísica fundamental de Platón. Ejercicios, semestre de invierno de 1937-1938. Walter Bröcker.

«Pues evidentemente, después de todo, desde hace tiempo estáis familiarizados con eso a lo que en realidad os estáis refiriendo cuando empleáis el término *"siendo"*, mientras que nosotros, aunque primero creíamos entenderlo, ahora nos vemos metidos en un apuro.»

Con esta frase del *Sofista* de Platón (224 a) comienza *Ser y tiempo*.[185] Y enlazando con esta frase se plantea la tarea del libro, diciendo: «¿Tenemos hoy una respuesta a la pregunta por aquello a lo que en realidad nos referimos con la palabra "siendo"? En modo alguno. Y de este modo, se trata de volver a plantear la pregunta por el sentido del ser». Así pues, la tarea se plantea como una repetición de la pregunta platónica. Pero esta repetición es una transformación. Se pregunta por el sentido del ser, pero qué sea el sentido, el propio tratado lo define así (p. 151):

---

184 [Anotación manual en el margen:] ¿De qué manera? ¿Lo es?
185 Martin Heidegger, *Sein und Zeit*, GA 2, p. 1.

Apéndice: protocolos del seminario

«Sentido es la [...] intención –el «hacia dónde»– del proyecto desde el cual algo se determina[186] como algo».[187] Así pues, la pregunta por el sentido del ser no solo pregunta, más allá de lo ente, por el ser –en cierta manera, eso también lo hace la pregunta de Platón en cuanto pregunta por la entidad–, sino que la pregunta por el sentido del ser pregunta además, todavía más allá del ser, por aquello hacia donde está proyectado. Como tal horizonte de toda comprensión del ser debe acreditarse el tiempo.

En Platón no aparece aún nada de una pregunta así por el sentido del ser. Sin embargo, no es casualidad que, enlazando con la frase del *Sofista*, aparezca seguidamente el discurso sobre el sentido. Pues, al fin y al cabo, como sentido designamos también el significado de una palabra, eso que estamos pensando con ella. En el pasaje del *Sofista*, la pregunta es por el sentido de la palabra «siendo», por su significado. La pregunta es por el σημαίνειν, que se enlaza con un determinado φθέγγεσθαι. Este significar que se lleva a cabo con el decir es el λέγειν. Así pues, la pregunta platónica es la pregunta por el λόγος del ὄν. En ella, el ὄν no se considera en cuanto a la riqueza de su diversidad, sino en cuanto a su modo, que permanece siempre igual, de ser ente. Es decir, la pregunta, tal como la formula Aristóteles, es por el ὄν ᾗ ὄν.

El *Sofista*, del cual tomamos la pregunta, es uno de los diálogos más tardíos de Platón, y de hecho esta pregunta, en cuanto pregunta planteada expresamente, es tardoplatónica. Y solo se planteó una vez que la respuesta ya estuvo dada. Todos los filósofos preplatónicos, y el propio Platón, han respondido la pregunta conductora de la filosofía sin haberla planteado expresamente como pregunta. Por eso, primero tenemos que escuchar la respuesta de Platón que antecede a la pregunta, toda vez que esta respuesta de-

---

186 [Martin Heidegger, *Sein und Zeit*, edición separada p. 151 y GA 2, p. 201: «Se vuelve comprensible».]
187 Ibíd., *Sein und Zeit*, GA 2, p. 201.

2. Ponencia de Walter Bröcker

termina conjuntamente a la propia pregunta, de modo que esta, en el fondo, ya no puede ser puesta en cuestión por aquella.

Esta respuesta de Platón es la doctrina de las ideas. Lo que ahora tenemos que saber de ella es lo siguiente: eso que habitualmente llamamos lo ente, las cosas que nos rodean y con las que tenemos que ver, eso es solo lo que participa (μετέχοντα) de las ideas (εἴδη). Las ideas son imágenes primordiales, paradigmas (παράδειγμα), cuyas reproducciones (μίμημα) son las cosas que tenemos con nosotros. En realidad, solo se puede atribuir un ser (οὐσία) a las ideas, mientras que a las cosas que tenemos con nosotros no les corresponde el ser, sino solo el devenir (γένεσις), por el motivo de que ser significa perseverar siempre como lo mismo (ταὐτόν) en la constancia (στάσις), mientras que las cosas que nos rodean siempre vuelven a ser diferentes (ἕτερον), ya que se encuentran en movimiento (κίνησις). Las cosas entre nosotros son perceptibles con los sentidos (αἰσθητά), mientras que la ideas solo son captables con la razón (νοητά).

Pero nosotros tenemos que pensar, para ser capaces del λόγος, del enunciado, en el que tenemos el auténtico saber, y también el saber acerca de las cosas entre nosotros. El λόγος se refiere, por tanto, a ambos mundos, pero en él esos mundos no son enlazados uno con otro posteriormente, sino que él es el fundamento de que el mundo de las ideas esté apartado del mundo sensible.

En el λόγος hablamos habitualmente sobre las cosas que hay entre nosotros, y a estas cosas las apelamos como algo, y, en concreto, muchas cosas las apelamos como lo mismo: por ejemplo, a Calías y a Sócrates los apelamos a ambos como hombres. Esto único y mismo como lo cual apelamos a muchos no le corresponde en exclusivo solo a uno de los muchos, sino que cada uno de ellos se limita a participar de ello (μέθεξις). Pero en ello, lo general de lo que participan los muchos individuos no se distribuye entre los individuos, sino que, a pesar de tal comparecencia (παρουσία), sigue siendo sin embargo en cada individuo algo por sí mismo (χωρισμός). Por ejemplo, eso a lo que nos referimos cuando usamos la palabra «hombre» es algo que permanece por sí mismo, y que no se ve afectado por los destinos cambiantes de los hombres individuales. Esto general que de esta manera permanece separado de las cosas individuales y a lo que ha de tener dirigida la mirada el discurso acerca de las cosas perceptibles entre nosotros –si es que este discurso quiere determinar como algo aquello sobre lo que habla–, esto general no es, ello mismo, nada perceptible, sino algo que solo es accesible al pensamiento: la idea.

Ahora bien, no solo se puede hablar sobre lo perceptible y determinarlo en atención a la idea, sino que también es posible hablar sobre las propias ideas, y declarar algo sobre estas en atención a otras ideas. Es decir, no solo las cosas perceptibles, sino también las ideas mismas son μετέχοντα. Las ideas no están solitarias, cada una por sí misma, en un apartamiento completo, sino que están entrelazadas unas con otras (συμπλοκή). La estructura de este entrelazamiento es la relación de género y especie. Por ejemplo, la idea de la planta y la idea del animal participan ambas de la idea del ser vivo, y en cuanto al estar vivo, ambas son lo mismo. Pero se diferencian en cuanto al modo especial de estar vivo. Así pues, el hacer declaraciones sobre las ideas tiene que determinarlas desde su conexión, tiene que decir de una idea en qué medida es lo mismo que otras y en qué medida es diferente. A esta forma de hacer declaraciones sobre las ideas, Platón la llama dialéctica.

Ahora bien, si lo propiamente ente son solo las ideas y no lo perceptible, entonces la dialéctica es el saber acerca de lo ente en cuanto tal, es decir, en cuanto idea.

Vemos así que la diferencia entre lo perceptible, lo individual y lo cambiante, por una parte, y lo pensable, lo universal y lo permanente, por otra, no es ninguna invención arbitraria, sino que se ha obtenido de la esencia misma del λόγος. Pero lo decisivo es el paso siguiente: que solo a lo pensable, a lo universal, a lo per-

2. Ponencia de Walter Bröcker

manente se lo valora como lo ente en sentido propio, mientras que lo perceptible, lo individual, lo cambiante se plantea como lo que meramente deviene. Con ello queda decidido que, en realidad, solo es aquello que se ha sustraído del devenir, del cambio, del movimiento, aquello que permanece en el reposo y la constancia. Pero esta respuesta a la pregunta conductora de la filosofía –τί τὸ ὄν–, ente es lo que constantemente se mantiene compareciendo, no fue Platón el primero en darla, sino que a él le había llegado ya como un presupuesto incuestionado de la tradición que arrancaba de Parménides. La doctrina de las ideas no enseña que lo ente sea lo permanente, sino que enseña que, bajo este presupuesto, lo permanente hay que concebirlo como idea.

Dentro de la tradición, jamás se preguntó por el fundamento de la determinación de lo ente como lo permanente. Pero justamente esto es lo que sucede por vez primera en el *Sofista* de Platón, en el que se plantea ahora expresamente la pregunta por el λόγος del ὂν ᾗ ὄν.

No voy a dar ahora una ponencia sobre el diálogo porque no solo llevaría demasiado tiempo, sino que, además, tampoco serviría de nada, ya que este diálogo, como también todos los demás, no expresa de inmediato lo que realmente importa, sino que se lo encomienda al lector para que este lo adivine. Por eso, a modo de resumen doy una interpretación de lo que para nosotros es importante.

En primer lugar, la pregunta toma su punto de arranque, que, según parece, es totalmente extrínseco, en el número de aquello a lo que nosotros nos referimos con la palabra ὄν.

La pregunta es si lo mentado con la palabra ὄν es uno o son muchos. Y la investigación muestra ahora que, en el fondo, ambas cosas son imposibles. Si el ὄν mienta muchas cosas, entonces, después de todo, todas estas cosas que son muchas tienen que ser ὄν del mismo modo, de manera que el ὄν mienta lo uno en lo que todas estas cosas que son muchas coinciden como siendo

Apéndice: protocolos del seminario

lo mismo. Si ὄν no es una palabra vacía, entonces tiene que significar algo, es decir, tiene que significar una única cosa. Por otro lado, si lo ente en cuanto ente es uno, entonces resulta incomprensible cómo los entes han de poder ser en general tan distintos unos de otros. Si todo ente en cuanto ente es lo mismo, a saber: ente, entonces, evidentemente, solo puede ser distinto en la medida en que es no-ente. Así pues, o bien no puede haber entes que sean distintos entre sí, o bien lo ente tiene que ser en sí mismo, en cuanto ente, al mismo tiempo no-ente.

Por un lado, la necesidad de que el λόγος miente el ὄν de algo único, y por otro lado, la necesidad de concebir como ente justamente a los muchos diversos entre sí, fuerza a concebir el ὄν ᾗ ὄν, al mismo tiempo como μὴ ὄν. De esta manera, la pregunta por el ὄν ᾗ ὄν se desarrolla hasta la pregunta por lo uno y los muchos, y esta a su vez hasta la pregunta por el μὴ ὄν. Esto significa la necesidad de afirmar que lo no-ente es, frente a la tesis de Parménides de que solo lo ente es.

A este tratamiento preparatorio de la pregunta por el λόγος del ὄν en cuanto al número le sigue ahora, en un nuevo planteamiento, el examen de las determinaciones del contenido que se establecieron acerca del ὄν. Se muestran dos posiciones que están comprendidas en una γιγαντομαχία περὶ τῆς οὐσίας. Unos afirman: οὐσία = σῶμα; otros afirman: οὐσία = ἀσώματον.

Se examinan ambas afirmaciones, y en concreto, se examina primero aquella que identifica la entidad con la corporalidad. Pronto se evidencia que la afirmación no es sostenible en esta forma, y por eso se la modifica así:

«Declaro que aquello que posee cualquier facultad del tipo que sea para operar sobre cualquier cosa, o de sufrir la repercusión de algo, aunque sea la más mínima repercusión de lo más insignificante y solo por esta única vez, que todo eso es ente. Establezco la definición así: las cosas que son, no son otra cosa que δύναμις» (247 d 8-e 4).

2. Ponencia de Walter Bröcker

Obsérvese que la definición no dice: τὸ ὄν ἐστι δύναμις, sino: τὰ ὄντα ἔστιν δύναμις, pues esto es lo decisivo, que, según esta definición, no se pueda hablar de un ente solitario en sí mismo, sino que para lo ente es esencial el ser solo en una referencia con otro ente. Lo ente solo es en la medida en que entra en relación y guarda relación mutua. La pregunta por lo uno y los muchos que nos salió arriba, reaparece ahora de forma modificada: como la pregunta por la referencia mutua de los muchos unos. Pero el alcance de esta indicación de la referencialidad que forma parte de la esencia de lo ente solo se aprecia en la crítica que sigue ahora de la segunda posición, que identifica la οὐσία con el εἶδος. Esta crítica la posibilita el aplicar al conocimiento lo que se ha establecido hasta ahora sobre la δύναμις. A saber: si οὐσία = εἶδος, y si la οὐσία se concibe tal como la hemos expuesto antes, entonces la idea queda sustraída de todo movimiento y, por tanto, también de toda δύναμις τοῦ παθεῖν.

Antes vimos que si el λόγος determina a algo como algo, entonces este «como qué» a lo cual atiende es la idea. Esta se planteó como algo que permanece constantemente lo mismo. Ahora no se elimina este planteamiento de la idea, sino que se lo mantiene, y encima se lo fundamenta. Pues lo ente tiene que ser así lo permanente y lo mismo si es que ha de poder haber conocimiento y saber. Si lo ente debe poder ser sabido, entonces el conocer tiene que poder regresar a él como a algo que sigue siendo lo mismo, y el saber tiene que poder conservarlo como algo permanente. Diciéndolo con términos platónicos, el ὂν ᾗ ὄν tiene que participar de las ideas de ταυτόν y de στάσις (249 b 12-c 5).

La determinación de lo ente como lo constante, a Platón le había venido ya dada por la tradición. Fundamentando ahora esta determinación desde la esencia del saber, Platón se ve conducido al mismo tiempo más allá de ella. Concretamente, se aprecia que, igual que el ταὐτόν y el στάσις forman parte necesaria del ser, también de él forman parte el ἕτερον y la κίνησις.

Apéndice: protocolos del seminario

Esto se muestra enlazando con la definición de los ὄντα como δύναμις. Poder conocer es una δύναμις τοῦ ποιεῖν, y poder ser conocido es una δύναμις τοῦ παθεῖν. Ser conocido es un ser movido por el conocimiento. Si lo ente debe poder ser sabido, es decir, si debe ser pensable, entonces tiene que ser movible en el pensamiento. Así pues, el ὄν ᾗ ὄν también tiene que participar del ἕτερον y de la κίνησις.

Esto se hace más claro si consideramos que el saber acerca de lo ente es la dialéctica. Pero esta es el determinar la idea en su mismidad con y en su diversidad frente a otras ideas. Así pues, la participación de la idea en la mismidad y la alteridad es lo que posibilita la dialéctica.

Pero la alteridad es también la auténtica esencia del no-ser, que, como vimos, tiene que formar parte del ὄν. Concretamente, el μὴ ὄν no es la pura nada, sino el ὄν que, frente a un determinado ὄν, es en cada caso distinto.

En la medida en que, además, la διαλέγεσται es un referir las ideas unas a otras, y si es que la dialéctica debe ser posible, entonces las ideas tienen que ser referibles de esta manera, es decir, de su esencia propia tiene que formar parte tal movimiento de ser referidas mutuamente unas a otras y al pensamiento. La idea tiene que participar de la κίνησις.

Podría objetarse que tal movilidad y movimiento solo les corresponde a las ideas en su relación con nosotros, pero que en sí mismas estas se encuentran en un reposo eternamente inmóvil. Esta objeción presupone que solo aquello que algo es por sí mismo forma parte propiamente de su ser, mientras que lo que algo es en relación con otra cosa no forma parte conjuntamente del ser mismo de la cosa. Pero justamente este presupuesto es lo que Platón pone en cuestión y elimina. Lo ente solo es en general lo ente en su referencia a otra cosa. Cada idea es lo que es solo gracias a su referencia a otras ideas, y la idea en general solo lo es gracias a su referencia al ἰδεῖν, es decir, al λόγος, al νοῦς.

2. Ponencia de Walter Bröcker

La respuesta a la pregunta por el λόγος del ὂν ᾗ ὄν es entonces: el ὄν es aquello que participa simultáneamente de las ideas de ταὐτόν, ἕτερον, στάσις y κίνησις. De tal modo son: 1) estos γένη mismos que participan recíprocamente todos unos de otros; 2) todas las demás ideas; 3) también las αἰσθητά. Así pues, la determinación de la esencia de ambos ámbitos sucede a partir de uno de los ámbitos: el de las ideas. Pero esto tiene que suceder así porque lo ente es lo que puede saberse, pero el saber es el λόγος, y lo propiamente sabido en el λόγος es la idea. De este modo, la determinación de la diferencia entre las ideas y lo perceptible pasa a ser para Platón el tránsito del πέρας al ἄπειρον. El número de las especies de un género dentro del ámbito de las ideas es limitado, mientras que el número de los individuos de una especie es indeterminado.

Así pues, la pregunta por el ὄν se desarrolla aquí expresamente hasta aquello que era ya para los griegos: la pregunta por el ὄν y el λόγος. Pero el λόγος y el νοῦς, en el que aquel se basa, son realizaciones del alma. La referencia necesaria de la idea al λόγος y, por tanto, al alma, fuerza a la tesis de que el alma es tan eterna como la idea:

«Pero, por Zeus, ¿cómo habremos de dejarnos convencer fácilmente de que, en verdad, el movimiento, la vida, el alma y el saber no se dan en lo ente que es de todos los modos, y que lo ente es sin vida y sin saber, que es sublime y sagrado pero sin razón e inmóvil?» (248 e 6-249 a 2).

La esencia del alma es estar con las ideas, contemplar las ideas. Pero la realidad del alma es vivir en el mundo de lo que participa, en el mundo sensible. Su realidad consiste en haber olvidado su esencia, y de esta manera estar en la necesidad de volver a recordar (ἀνάμνησις) antes que nada su esencia y las ideas. No es ninguna casualidad que el tema de los mitos platónicos sea exactamente esta esencia intermedia del alma, en oposición a la consideración dialéctica de las ideas mismas en cuanto tales.

Apéndice: protocolos del seminario

De esta forma, la pregunta por el ὄν se desarrolla hasta la pregunta por la idea y el alma, y en ella se encierra la pregunta por la verdad. La conexión entre idea, alma y verdad, Platón la aclara con la parábola del sol al final del sexto libro del diálogo sobre el Estado (506 d ss.).

Ahí, el percibir las ideas se compara con el ver del ojo. El ojo (ὄμμα) tiene la facultad de ver (δύναμις τοῦ ὁρᾶν), y esto es una facultad de obrar (δύναμις τοῦ ποιεῖν). De forma correspondiente, las cosas visibles tienen la facultad de ser vistas (δύναμις τοῦ ὁρᾶσθαι), como una facultad de sufrir repercusiones (δύναμις τοῦ παθεῖν). Ambas están referidas mutuamente por la mediación de la claridad (φῶς) que se propaga entre el ojo y la cosa, enlazándolos como un yugo (ζυγόν). Pero este estar mutuamente ajustados uno a otro solo es posible gracias a que el conjunto de los tres: el ojo, la cosa y la claridad, son engendrados por la misma causa (αἰτία): el sol. El sol hace que lleguen a ser el ojo y su facultad de ver, y la cosa como aquello que es (γένεσις) y su capacidad de ser vista, y la claridad que unce a ambos.

Igual que el poder ver es solo una facultad del ojo, así el poder pensar (δύναμις τοῦ νοεῖν) es una facultad de obrar (δύναμις τοῦ ποιεῖν) que corresponde al alma (ψυχή); e igual que la facultad de poder ser vistas les corresponde a las cosas que hay entre nosotros, cuya esencia es la γένεσις, así el poder ser pensadas (δύναμις τοῦ ὁρᾶσθαι), como una facultad de padecer (δύναμις τοῦ παθεῖν), les corresponde a las ideas, cuya esencia es la οὐσία. También aquí ambas están enlazadas por un yugo, y este yugo es la verdad (ἀλήθεια). Y también aquí hay una causa común para todo esto: lo que Platón llama el ἀγαθόν.

¿Qué significa todo esto para nuestro planteamiento de la pregunta? En la última sesión anunciamos el planteamiento de la pregunta de la tradición metafísica con el título: entidad y pensamiento, οὐσία καὶ νοῦς. Lo que se ha explicado ahora significa que Platón no se queda detenido en preguntar desde el

2. Ponencia de Walter Bröcker

νοῦς por la οὐσία, sino que el «y» queda recogido conjuntamente en el planteamiento de la pregunta. La pregunta por este «y» es para Platón la pregunta por la verdad.

Pero ¿qué es la verdad de la que se está hablando aquí? No la rectitud del enunciado. Pues, al fin y al cabo, todo enunciado, ya sea correcto o falso, solo se vuelve posible si un yugo tal como lo es la verdad a la que aquí nos referimos enlaza ya el alma con la verdad. Pero la verdad tampoco es aquí el ser verdadero lo ente mismo, pues también esto solo es posible si existe ya un yugo tal.

La verdad de la que aquí se habla es aquello que posibilita en general por vez primera que ψυχή y οὐσία sean cada una para la otra, refiriéndolas mutuamente. Pero esto que fuerza así a ambas a juntarse no puede reducirse ni a la ψυχή ni a la οὐσία, sino que ha de tener un origen que anteceda a ambas y que también sea origen para ellas mismas. A este origen, Platón lo llama el bien. Lo llama así, pero no dice nada sobre él: no por secretismo conspiracionista, sino porque no puede decir nada sobre él. Y no puede decir nada sobre él porque el λόγος mismo se nutre de la diferencia entre οὐσία y ψυχή, y tiene su hogar en esta dualidad.

Con el ἀγαθόν, Platón le señala a la metafísica, en la medida en que esta es lógica, su límite propio, que ella no puede rebasar.[188]

---

[188] [Anotación manual en el margen:] *Se queda en la* ἰδέα; es decir, la ἀλήθεια no pasa a ser propiamente pregunta. El ἀγαθόν es, él mismo, ἰδέα, y ya por eso la ἀλήθεια queda sin fundamentar, como algo definitivo.
Tendría que ser esta pregunta, pero no lo es: pues justamente Platón, con el planteamiento de la ἰδέα, prepara la destrucción definitiva de la esencia de la ἀλήθεια, que ahora apenas acababa de despuntar; *pero avanza hasta el* λόγος *y el* «νοῦς», *quedando totalmente cautivado por el* λόγος (cfr. Kant). Porque ni la ψυχή ni la οὐσία son cuestionadas por la ἀλήθεια.
Pero en la meditación histórica siempre tenemos que conceder y *dar la norma previa*, para llegar a conocer el suceso en su carácter de futuro que tiene ya desde el inicio. Cfr. mi interpretación *de la parábola de la caverna*.

EPÍLOGO DEL EDITOR ALEMÁN

En este volumen se publican por vez primera los apuntes y esbozos de dos ejercicios. Los primeros ejercicios los dictó Heidegger, en dos horas semanales, durante el semestre de invierno de 1937-1938. Se trata de *Las posiciones metafísicas fundamentales del pensamiento occidental*.[189] Los segundos ejercicios, *Ejercitación en el pensamiento filosófico*, se dictaron, en una hora a la semana, durante el semestre de invierno de 1941-1942.

Para redactar el texto tal como había de ser editado dispuse de la copia de ambos manuscritos. Para los ejercicios sobre *Las posiciones metafísicas fundamentales del pensamiento occidental* tenía, además, los protocolos de Walter Bröcker, disponibles en un texto a máquina. Para los ejercicios de *Ejercitación en el pensamiento filosófico* había un extenso protocolo redactado a máquina, que reflejaba el desarrollo real de los ejercicios. Ambos protocolos están recogidos en el «Apéndice». Para el trabajo de edición he empleado también los originales en el Archivo Alemán de Literatura, de Marbach.

El manuscrito de *Las posiciones metafísicas fundamentales del pensamiento occidental* consta de diez legajos con un total de 294

---

[189] En la presente edición solo se ha reproducido la primera parte de los ejercicios recopilados en el tomo 88 de la *Gesamtausgabe*. La segunda parte, intitulada *Ejercitación en el pensamiento filosófico*, se publica en un volumen aparte en esta misma editorial. Sin embargo, aquí se incluye íntegramente el epílogo del editor alemán, que hace referencia a ambas partes. *[N. del E.]*

hojas manuscritas. El manuscrito de *Ejercitación en el pensamiento filosófico* comprende siete legajos con un total de 180 hojas manuscritas. Las hojas tienen en su mayoría un tamaño de DIN A5 o menor. Heidegger recopiló cuidadosamente estas hojas y las reunió en legajos, a los que dio títulos propios. Las hojas manuscritas y las papeletas que no podían clasificarse con toda claridad dentro del texto quedan recogidas en el «Apéndice» como «Notas complementarias» al texto principal.

Para elaborar la composición del texto de la edición tomamos como criterio el primer volumen aparecido en el marco de la *Gesamtausgabe* [Obras completas] dentro del apartado IV: *Vom Wesen der Sprache*.[190] El orden y la articulación generales del texto siguen en la medida de lo posible el orden que estableció el propio Heidegger de los legajos y las hojas manuscritas. Los títulos numerados sucesivamente con números romanos corresponden en su mayoría a los títulos que Heidegger anotó en las cubiertas de los legajos. Solo en unos pocos sobres faltan estos títulos.

Los títulos numerados sucesivamente con cifras arábigas corresponden a los títulos de hojas manuscritas que van sueltas o que forman varias de ellas una unidad y que, en parte, fueron numeradas por el propio Heidegger en la línea superior o en las cubiertas. En unos pocos casos he completado los títulos guiándome por el texto que les sigue. Los títulos y las anotaciones a pie de página que aparecen entre corchetes son míos. Las otras notas a pie de página o bien son anotaciones de Heidegger, o bien completan sus indicaciones bibliográficas.[191] Los pocos corchetes que hay marcan mis conjeturas. Los paréntesis en el texto son de

---

190 Martin Heidegger, *Vom Wesen der Sprache. Zu Herders Abhandlung «Über den Ursprung der Sprache». Freiburger Seminar Sommersemester 1939*, GA 85, editado por Ingrid Schüßler, Frankfurt del Meno, Vittorio Klostermann, 1999.
   191 Las notas del traductor y la nuestra se hallan marcadas en cada caso mediante *[N. del T.]* y *[N. del E.]*, respectivamente. *[Nota del editor español.]*

Epílogo del editor alemán

Heidegger. [?] después de una palabra significa que la lectura no es segura.

El texto contiene las indicaciones bibliográficas que hizo el propio Heidegger, pero las he completado o complementado en las notas a pie de página. El orden detallado del texto se ha conservado en la medida de lo posible. Sobre todo he tratado de reproducir completa y fielmente los esquemas conceptuales y los signos indicadores. Las cursivas en el texto impreso reproducen los subrayados y enmarcados de Heidegger en el manuscrito.[192]

La puntuación se ha completado discretamente. No se ha tomado en consideración la nueva normativa ortográfica. Cuando las abreviaturas eran inequívocas, he desarrollado las palabras; algunos errores inequívocos de Heidegger se han corregido de manera tácita. En los dos textos de Walter Bröcker que estaban disponibles en transcripción a máquina y que aquí se editan en el «Apéndice» (II. Protocolos de seminario) hemos respetado la forma de escribir «Plato»,[193] que es la que en ellos aparece constantemente.

* * *

Los primeros ejercicios recogidos en este volumen, *Las posiciones metafísicas fundamentales del pensamiento occidental*, del semestre de invierno de 1937-1938, guardan una estrecha relación temática con las lecciones simultáneas sobre las *Cuestiones fundamentales de filosofía*[194] y con el seminario sobre *La posición metafísica fundamental de Nietzsche*.[195] También en las *Contribuciones a la*

---

192 En la presente edición se ha respetado ese mismo criterio del uso de las cursivas, lo que ha supuesto escribir en redonda los préstamos lingüísticos no destacados especialmente por Heidegger.

193 En alemán, «Platón» puede escribirse «Plato» o «Platon». *[N. del T.]*

194 Martin Heidegger, *Grundfragen der Philosophie. Ausgewählte «Probleme» der «Logik»*, GA 45.

195 Ídem, *Nietzsches metaphysische Grundstellung (Sein und Schein)*, GA 87.

Epílogo del editor alemán

filosofía, en su tercera parte, «La cesión»,[196] Heidegger menciona estos ejercicios. En una larga introducción, el filósofo explica el entramado de la pregunta conductora de la metafísica: ¿qué es lo ente?; trata de hacer evidente la necesidad de un regreso a la pregunta fundamental de la metafísica: ¿qué es el ser? y desarrolla la pregunta preliminar: ¿qué es la verdad?. En los ejercicios, Heidegger trata la posición metafísica fundamental de Platón, el tránsito de la metafísica griega a la metafísica moderna y cristiana, las posiciones metafísicas fundamentales de Descartes, Leibniz, Kant y del idealismo alemán. Las interpretaciones de Descartes y de Leibniz constituyen el núcleo de los ejercicios. Es significativa la interpretación que realiza Heidegger de la filosofía positiva y negativa de Schelling, que aquí se hace accesible por vez primera a la investigación.

Los segundos ejercicios, *Ejercitación en el pensamiento filosófico*, del semestre de invierno de 1941-1942, son unos ejercicios para principiantes. La ejercitación en el pensamiento filosófico es «el esfuerzo incesante por poder realizar "libremente" este modo de pensar». Heidegger enseña a sus alumnos el pensar filosófico al hilo de sentencias de Heráclito y Nietzsche. Al disponer no solo de la elaboración manuscrita que hizo Heidegger de estos ejercicios, sino también de un protocolo fiable de su desarrollo, podemos llegar a ver con claridad la pedagogía de Heidegger.

A través de la reflexión crítica sobre las posiciones metafísicas fundamentales esenciales del pensamiento occidental, Heidegger va guiando cuidadosamente a lo largo de ambos ejercicios hacia su posterior pensamiento de la diferencia del ser y del acontecimiento que hace apropiado.

Quiero agradecer cordialmente al doctor Hermann Heidegger su confianza y su siempre hermosa colaboración. Al profesor doctor Friedrich-Wilhelm von Herrmann le agradezco su

---

196 Ídem, *«Das Zuspiel»*, *Beiträge zur Philosophie*, GA 65, pág. 167.

Epílogo del editor alemán

gran ayuda en la maquetación del texto. Gran agradecimiento debo al doctor Hartmut Tietjen por el costoso y esforzado examen de las diversas versiones de esta edición, por su ayuda para completar las indicaciones de las fuentes y por sus minuciosa lectura de las galeradas. Por la minuciosa lectura de las galeradas le doy las gracias igualmente a la señora Jutta Heidegger. Por último, también quiero agradecer cordialmente al doctor Holger Zaborowski su amistosa ayuda.

Zandvoort, julio de 2007   *Alfred Denker*